Le Livre de Poche Jeunesse

ATLANTIS

Christine et Madeleine Féret-Fleury

Atlantis

1. L'Héritière

Pour J. G.

Et pour l'autre « Professeur Pullman »,

en hommage !

LIVRE PREMIER

LES ORIGINES

1

Paris, novembre 1863

– Adel ! Viens tout de suite ! Je te l'ordonne, tu entends, je te l'ordonne ! Sors *immédiatement* de ta cachette ou je te...

La voix aigre et criarde de Mlle Lelonbec marqua une pause, comme si la vieille mégère peinait à imaginer une punition appropriée à l'indiscipline de sa pupille. Et pourtant, la directrice adjointe de l'orphelinat Sainte-Frédégonde ne manquait pas, dans ce domaine, d'un certain talent. Ses trouvailles, en matière de châtiments, étaient même si raffinées, si méthodiquement cruelles, que les enfants qui avaient la malchance de vivre entre les murs sombres et suintants du 8 de la rue Pissevieille s'éparpillaient à son approche comme une bande de moineaux effarouchés. Hélas, il n'était jamais possible d'aller bien loin ; et si vous aviez commis un crime capital (par exemple, vous plaindre de la nourriture infâme, courir dans un couloir ou vous pencher à l'une des fenêtres dans l'espoir de respirer un peu d'air frais), vous risquiez de vous retrouver enfermé dans une lessiveuse avec un tas de chaussettes sales ou, pire, à genoux sur une règle en fer, dans une posture humiliante et douloureuse. Ce qui aurait paru une véritable bagatelle s'il n'avait fallu écouter, pendant les deux heures jugées suffisantes pour purger votre esprit de toute mauvaise intention, la lecture d'un opuscule au titre évocateur : *De l'éducation des orphelins et de la meilleure manière de remédier aux tares causées par l'atavisme et les mauvais exemples*, de J. M. Rancune, fondateur-bienfaiteur de l'institution Sainte-Frédégonde. Ce fondateur avait rejoint ses ancêtres bien des années auparavant, mais ses principes, hélas, lui avaient survécu. Son petit-fils, J. E. Rancune, assisté de l'infatigable Mlle Lelonbec, veillait à ce qu'ils fussent appliqués, de jour comme de nuit.

– Adel !

La voix, chargée de menace, s'engouffra dans la cage d'escalier, se répercuta entre les murs peints d'un jaune pisseux et parvint enfin au dernier étage de l'orphelinat, sous les toits. C'était là, dans un long grenier poussiéreux et parcouru de courants d'air, que les « biens matériels » des pensionnaires – c'est-à-dire le peu que la cupidité de M. Rancune et de son âme damnée, Mlle Lelonbec, leur avait laissé – étaient entreposés.

Et c'était là qu'Adel avait, en cet après-midi de novembre, trouvé refuge.

– Adel !

Le couvercle d'une malle en cuir éraflé se rabattit et une tête rousse se dressa dans le faible rayon de clarté qui tombait d'une tabatière constellée de chiures de mouches. Adel épousseta de la main le haut de sa robe, couvert de débris de plâtre et de toiles d'araignée, et haussa les épaules.

– La vieille folle ne montera jamais ici, dit-elle à haute voix. C'est trop fatigant ! Elle va essayer de dénicher Freddie et l'envoyer à ma recherche. Comme il n'est pas encore rentré, j'ai du temps devant moi.

Freddie, le garçon de cuisine, était parti acheter du poisson. Adel l'avait vu, un quart d'heure plus tôt, passer la porte donnant sur la rue, un panier au bras. Tous les vendredis, il se rendait au marché des Innocents au moment où les crémiers, bouchers et autres forains ramassaient leurs marchandises : il obtenait ainsi à bon compte, parfois même pour rien, un cageot de salades fanées, quelques kilos de pommes de terre à la peau flétrie, des sacs de légumes secs pleins de charançons et de bas morceaux de viande que la cuisinière accommodait en ragoûts fades et graisseux. Le poisson, c'était pire : rien ne pouvait masquer son odeur.

« Au menu de ce soir : raie bouillie et salade cuite, prophétisa la fillette, agenouillée sur le plancher. Je devrais dire raie *pourrie* et salade cuite. J'ai intérêt à trouver une croûte de pain si je ne veux pas mourir d'inanition. »

Levant la tête, elle examina le ciel par la lucarne. Il aurait été vain de chercher quelle pouvait être la position du soleil, car la pluie tombait à torrents et de gros nuages gris se pressaient sur les toits de Paris ; mais Adel, qui ne possédait pas de montre, avait appris à deviner l'heure à la lumière, quels que fussent le temps ou la saison.

« Quatre heures, ou à peu près, estima-t-elle. La cuisinière ne va pas tarder à aller prendre sa "petite goutte", comme elle dit, chez la femme du concierge. Ces deux-là se soûlent en tête à tête chaque jour que Dieu fait. Une horreur ! Élise en profitera pour sortir voir son fiancé, qui l'attend comme tous les vendredis au coin de la rue. Elle s'imagine que personne n'est au courant, mais ce pauvre garçon est d'un voyant, avec son chapeau enfoncé jusqu'aux yeux et son journal ! Il le tient déployé devant sa figure, comme si cela pouvait suffire à le rendre invisible. Ridicule. Si au moins il lisait quelques articles, mais je suis persuadée qu'il ne quitte pas des yeux la porte de l'orphelinat. Je ne comprends pas ce qu'il peut bien trouver à Élise : elle est sale à faire peur et elle a les dents de travers. Les gens font n'importe quoi par amour, c'est dégoûtant. Je me demande... oh, et puis non, rien. »

Toujours est-il que les escapades hebdomadaires de la servante laissaient, pour un bref laps de temps, la cuisine déserte. Assez longtemps pour s'y glisser en tapinois et dérober un morceau du fromage réservé pour la table des professeurs, voire une couenne de jambon ou encore, suprême et trop rare délice, une part de brioche.

« J'y vais », décida Adel.

Comment aurait-elle pu savoir que toute sa vie allait dépendre de cet instant ? Si elle avait quitté le grenier aussitôt, comme elle en venait d'en former le projet, tout aurait été différent. Elle serait peut-être devenue couturière. Si elle n'avait pas eu cette chance, son destin aurait ressemblé à celui de toutes les anciennes pensionnaires de l'institution Sainte-

Frédégonde : on l'aurait placée comme fille de cuisine ou bonne à tout faire, et elle aurait passé sa vie à remplir des seaux de charbon et à vider des pots de chambre. Levée avant le jour, couchée bien après la tombée de la nuit, elle aurait trimé toute sa vie pour un salaire de misère. Peut-être un jeune homme – un de ces amoureux qui lui semblaient si ridicules – serait-il venu l'attendre au coin de la rue où la retenait son travail, dissimulé derrière un journal qu'il ne lisait pas... mais ceci est, ou plutôt aurait été, une autre histoire.

Pendant une fraction de seconde, l'ombre de cet avenir sembla flotter autour d'elle ; au-dehors, la pluie redoubla et le vent gémit en frôlant les ardoises du toit, comme s'il se lamentait sur toutes les possibilités gâchées de ce monde ; avec lenteur, le couvercle de la malle d'Adel – un coffre de cuir usé, constellé d'étiquettes délavées et intérieurement tapissé d'un velours rouge en lambeaux – se referma.

Et puis le Destin, pour une fois clément, détourna le regard et laissa place à l'Aventure.

La manche d'Adel se prit dans le couvercle de la malle.

Il y eut un bruit de déchirure, et la fillette se mit à jurer – avec autant de talent que les charretiers qui passaient chaque jour sous les fenêtres de l'orphelinat ; elle avait à coup sûr réservé à leur verve populacière une attention qu'elle n'accordait pas aux leçons de calcul ou de morale.

En même temps, de sa main libre, elle releva le couvercle. Un nuage de poussière s'éleva et elle éternua à plusieurs reprises. Un pan du velours rouge qui doublait le bagage se détacha des clous rouillés qui l'avaient jadis maintenu en place et tomba mollement sur les quelques possessions de la fillette – un vieux chapeau de velours garni d'une plume d'autruche mitée, une photographie encadrée de ses parents, une boussole dont le boîtier en cuivre avait subi de nombreux chocs et un épais cahier, relié en cuir et tenu fermé par une courroie, car il contenait de nombreuses feuilles volantes couvertes d'une fine écriture penchée. Le chapeau avait appartenu à la mère d'Adel ; parfois, en le pressant contre son visage, la fillette croyait y sentir encore son parfum. Elle l'avait si peu connue, cette mère qu'elle adorait ! La boussole, son père la conservait comme porte-bonheur : elle l'avait accompagné durant sa toute première expédition vers les mythiques colonnes d'Hercule, au large du détroit de Gibraltar. Bien qu'à la suite de circonstances mystérieuses l'instrument eût à jamais perdu le nord, il avait refusé de s'en séparer. C'était aussi le seul objet qu'il eût laissé derrière lui, dans une auberge de la côte norvégienne, la veille de sa disparition. Les policiers chargés d'enquêter sur l'affaire l'avaient retrouvé sur sa table de nuit. Quant au professeur Pullman et à sa jeune et charmante épouse, nul n'avait plus jamais entendu parler d'eux. La mer n'avait pas rendu leurs corps, non plus que celui du pêcheur qui les accompagnait vers une destination inconnue. Leur fille, à qui l'on n'avait pu trouver de parenté encore en vie, avait été confiée à un orphelinat. Elle avait alors huit ans et, depuis cinq interminables années, sa vie s'écoulait entre les corvées de couture et le balayage des couloirs de l'institution. Une épuisante et ennuyeuse routine coupée de temps à autre par quelques leçons bâclées, dispensées par des familiers de la maison que l'avare M. Rancune négligeait souvent de payer.

La seule chose qui permettait à Adel de supporter l'existence qu'elle menait, c'était le grenier. Elle en avait fait son jardin secret, son havre ; l'eau s'y infiltrait par les nombreux trous du toit, on y grelottait en hiver et la chaleur, en été, y était suffocante, mais personne n'y montait jamais, sauf, de loin en loin, Freddie dont le maigre dos ployait sous le poids d'une malle, d'un baluchon de toile ou d'une valise. Dans ces reliques d'une vie meilleure, on trouvait de tout : des jouets abîmés, des daguerréotypes pâlis représentant des messieurs à moustache enlaçant une jeune fille en robe de mousseline, de petites brassières d'enfant pliées dans du papier de soie, et parfois des livres. Tout ce qui pouvait avoir une quelconque valeur, dans les bagages des orphelins confiés à leur garde, était confisqué par la direction. Même les dictionnaires, atlas, albums illustrés ou missels étaient aussitôt revendus au chiffonnier de la rue voisine, avec les médailles de baptême, gobelets d'argent gravés d'un prénom et autres babioles. Mais parfois, un volume dépenaillé ou désassorti échappait aux doigts crochus de Mlle Lelonbec pour faire les délices d'Adel, qui dévorait pêle-mêle romans, essais et manuels scolaires, surtout quand ils traitaient d'astronomie ou de voyages lointains. Elle avait ainsi acquis un grand nombre de connaissances plus ou moins fantaisistes, développé son imagination et surtout appris, sans en avoir bien conscience encore, que ceux qui emprisonnaient son corps dans le taudis de la rue Pissevieille n'avaient, en revanche, aucun pouvoir sur son esprit.

Mais, en cet instant, la fillette ne prêtait aucune attention au volume III des *Grandes Explorations*, un in-octavo privé de couverture, aux pages rongées par les rats, qu'elle avait rangé dans un coin de sa malle en attendant de pouvoir en poursuivre la lecture. Elle ne regardait pas le cadran de la boussole paternelle qui brillait faiblement dans la pénombre : elle fixait le couvercle du bagage, mis à nu par la chute de son revêtement intérieur.

Sur le bois éraflé, un objet était fixé. Emballé dans une sorte de toile huilée, il était maintenu par plusieurs bandes de tissu.

Le cœur d'Adel battit plus fort. Pour avoir été caché avec autant de soin, ce petit paquet devait avoir une valeur toute particulière. Qui l'avait placé là ? Son père ? Sa mère ? Personne d'autre, à coup sûr : la malle avait été faite sur mesure pour le professeur Pullman, d'après un croquis qu'il avait lui-même déposé chez le sellier. Adel s'en souvenait : ce jour-là, elle l'avait accompagné, bien emmitouflée dans son manteau d'hiver rouge à col de fourrure blanche. Il neigeait. Sur le Pont-Neuf, les flocons voltigeaient avec gaieté. En chemin, son père lui avait acheté un cornet de marrons chauds...

D'une main malhabile, elle détacha les bandes de taffetas gommé et saisit l'objet. Malgré sa taille réduite, il pesait lourd au creux de sa paume.

« Qu'est-ce que ça peut bien être ? Une pierre précieuse ? Un minuscule appareil mécanique ? Un... »

– Adel ! Je sais que t'es là...

La fillette sursauta. Cette fois, c'était la voix de Freddie ! Derrière la porte du grenier, des pas traînants se rapprochaient. Le plancher craqua. Un coup, un seul, fut frappé au battant.

– Écoute... j'ai pas envie de jouer à cache-cache avec toi dans ce nid à rats. Alors, si tu descends dare-dare, je pourrai dire à la mère Lelonbec que je t'ai pas vue... et toi, tu lui raconteras ce que tu voudras.

Le garçon gloussa.

– Que t'avais la colique, par exemple.

Un soupir.

– Comme tu voudras. Tu diras pas que je t'avais pas prévenue.

Vivement, Adel fit glisser sa trouvaille dans la poche de sa robe. Tant pis, elle la déballerait plus tard. Pour l'instant, le principal était d'échapper à la colère de la sous-directrice. Et ce ne serait pas une mince besogne.

Secouant sa jupe, elle se leva et ouvrit la porte à son tour. Elle tendit l'oreille : Freddie était redescendu. Le palier était désert. Silencieuse comme une ombre, Adel se jucha sur la rampe et se laissa glisser. L'obscurité de la grande maison l'engloutit.

Forêt de Meillant, automne 1453

La femme ramassait des branches sèches à l'orée du bois quand le ciel s'embrasa.

Elle s'abattit face contre terre, enfonçant son visage dans l'épais tapis de feuilles détrempées par une pluie récente. Leur saveur âcre lui emplit la gorge, une vase noirâtre souilla son visage, poissa ses cheveux tirés sous un béguin de grosse toile. Elle se tortilla, rampa, cherchant l'abri d'un buisson. Ainsi, les anciennes prophéties s'étaient réalisées : la foudre de la colère divine s'abattait sur les pécheurs. Les victimes désignées allaient périr par le feu. Mais pourquoi elle ? Quel mal avait-elle commis ? Elle n'était qu'une pauvre paysanne, dure à la tâche, levée avant l'aube, souvent affamée, supportant sans se plaindre injures et horions. Certes, elle n'aimait guère sa voisine, la Gersende, une forte en gueule qui se gaussait de tous et s'adjugeait, au glanage, la meilleure part. Et parfois, elle avait tendu des collets, chapardé quelque gibier dans les forêts du seigneur, des noisettes ou des fruits en saison. Y avait-il là de quoi mériter un tel châtiment ? Les voies du Seigneur étaient impénétrables, on le disait et ce devait être vrai. La gorge nouée de sanglots, elle marmotta une prière et attendit la mort.

Rien ne vint. Le silence était retombé sur le bois de châtaigniers. Hagarde, elle se redressa sur un coude et regarda autour d'elle. À quelques toises, la terre s'était ouverte : entre les mottes bouleversées, une plaie d'un rouge sombre palpitait, comme si le cœur d'un géant, arraché encore chaud de sa poitrine, avait été jeté là par quelque terrible bourreau.

Folle de terreur, la femme ouvrait la bouche pour crier à nouveau quand une main se posa sur son épaule. Elle eut un gémissement de bête blessée et tenta de s'échapper. Une manche de son surcot se déchira, découvrant sa peau blême, marquée d'ecchymoses. Mais l'homme – ou le démon, car c'en était un, elle aurait pu le jurer ! – avait la poigne solide.

– Tiens-toi tranquille, fit une voix autoritaire. Je ne te ferai aucun mal.

Elle ne l'écouta pas et se tordit avec une souplesse de serpent. Une seule pensée l'habitait : fuir.

L'homme poussa un juron.

– Peste soit de la carogne ! Un vrai ver de terre. Une anguille serait plus aisée à prendre au lacet.

Sa voix enfla :

– Maudite souillon ! Ne bouge plus, sinon je t'écorche vive !

Haletante, éperdue, elle obéit, se raidit dans l'attente des coups qui n'allaient pas manquer de pleuvoir.

– Là, c'est mieux, grogna-t-il. Écoute-moi : je vais te laisser partir, mais avant...

Il fourragea dans son aumônière et lui glissa quelques pièces.

– Tu as là de quoi nourrir ta famille tout l'hiver. À une condition, tu m'entends ? M'entends-tu, serve bornée ?

La femme laissa échapper un couinement.

– Tu ne dois jamais parler à personne de ce que tu as vu ce soir ici. D'ailleurs... tu n'as rien vu. Rien, tu as compris ?

Il la secouait avec rudesse. Par miracle, elle réussit à articuler :

– Rien, messire. Je n'ai rien vu.

– Parfait. Tu n'es point si sotte, au fond. Mais ne crois pas que tu pourras me duper ! Si tu parles, je le saurai...

L'homme laissa planer un silence menaçant.

– ... et je te retrouverai. Que le ciel alors prenne pitié de toi, car les souffrances des damnés ne sont

rien à côté de celles que tu endureras ! Maintenant, va ! Rentre dans ton trou !

Sans douceur, il la releva et la poussa vers le hameau dont on apercevait, à une demi-lieue de là, les feux vacillants. Elle trébucha, tomba sur les mains et les genoux, mais se releva comme un chat et s'enfuit sans demander son reste.

Resté seul, l'homme – un chevalier ou un riche bourgeois, à en juger par son pourpoint de drap fin et ses bottes de beau cuir – s'approcha de l'aérolithe fumant. Relevant un pan de son manteau, il s'en enveloppa et leva la tête. De lourds nuages, gonflés de pluie, s'amoncelaient à l'horizon.

« Fort bien, pensa-t-il. Une bonne averse me servira au mieux. La fortune est à portée de ma main. Je n'ai plus qu'à attendre... »

Bourges, la nuit de la Toussaint,
en l'an de grâce 1453

L'homme progressait à pas prudents dans la ruelle. Les maisons biscornues découpaient sur le ciel nocturne leurs silhouettes noires et le léger cris-

sement de la paille sous ses pieds éveillait des échos inquiétants. Enveloppé dans une vaste cape à capuchon qui dérobait son visage aux regards indiscrets, le passant serrait contre lui un paquet dont le contenu devait être précieux, car il ne cessait de le palper à travers l'étoffe qui l'enveloppait et jetait autour de lui des regards méfiants. Mais nul ne l'épiait : en cette nuit de la Toussaint, les habitants du faubourg se terraient dans leurs masures, au coin d'un maigre feu.

À l'angle d'une traverse plus obscure que les autres, l'homme s'arrêta. Dix pas plus loin se dressait une bâtisse d'aspect misérable : sa façade était lézardée et le toit couvert de mousse donnait l'impression de s'enfoncer en son milieu. Derrière le parchemin huilé qui bouchait la fenêtre, il aperçut une étrange lumière bleutée.

« C'est l'endroit », pensa-t-il.

La maison de l'alchimiste. Personne ne l'évoquait sans baisser la voix : on prétendait que le vieillard recevait tous les puissants de ce monde et même qu'il avait découvert la pierre philosophale. Peut-être cette lueur en provenait-elle ? L'alchimiste devait être en train de se livrer à quelque expérience abominable. Réprimant un frisson, le voyageur avança de quelques pas et frappa à la porte. Rien ne bougeait à l'intérieur. Il frappa à nouveau. Toujours rien. Il allait s'en retourner, déçu, quand une voix perçante déchira le silence de la nuit.

– Qui a l'audace de me déranger à pareille heure ?

– Un homme qui a une proposition à vous faire... une proposition que vous ne refuserez pas, émit l'étranger, rassemblant tout son courage.

La porte s'ouvrit et un rai de lumière coula sur la neige.

De l'intérieur, la maison paraissait encore plus petite. Contre le mur du fond s'étalait une paillasse trouée ; dans un coin sombre, une seille, une bassine et une marmite étaient posées sur une table branlante. Ces pauvres objets voisinaient avec des flacons fumants, débordant d'une mousse d'apparence malsaine, qui dégageaient des odeurs nauséabondes. L'homme, sans attendre d'y être invité, s'assit sur un tabouret bancal, déballa le fragment d'aérolithe et le tendit au vieillard.

– Vous qui êtes un homme de science, vous savez de quelle pierre il s'agit. Je me trompe ?

L'alchimiste, de ses longs doigts, caressait la pierre noire.

– Non. Je crois le savoir..., répondit-il dans un souffle.

– Et moi, je crois savoir que vous en avez besoin, reprit le marchand avec un gros rire. Que vous vendriez votre âme au diable pour la posséder !

Le vieillard s'arracha à sa contemplation pour lui couler un regard en dessous.

– C'est exact.

– Alors parlons affaires, si vous le voulez bien. Combien êtes-vous prêt à m'offrir ?

– Cinquante écus d'or.

– Cette pierre vaut bien plus, et vous ne l'ignorez pas, s'indigna l'homme. Ces étoiles tombées ont d'immenses pouvoirs. N'essayez pas de me duper. Je veux mille écus, à prendre ou à laisser. Sinon, il ne manque pas de gens en ce royaume qui seront trop heureux de traiter avec moi.

Il fit mine de se lever et tendit la main vers la pierre noire. Les mains du vieil homme se crispèrent sur le trésor convoité.

– Soit ! lâcha-t-il à regret. Je vous paierai...

Il baissa la tête ; ses lourdes paupières veinées de violet cachèrent son regard.

– Je vous paierai le juste prix de vos services.

L'alchimiste se dirigea vers une petite armoire, l'ouvrit et y prit une bourse de cuir qu'il jeta sur la table. Un tintement métallique se fit entendre.

– J'avais prévu votre visite : tout est écrit dans les astres, notre vie comme notre mort.

Un fin sourire passa sur ses lèvres.

– Vous pouvez compter. Il y a là mille écus.

Le marchand, jouant les grands seigneurs, eut un geste de refus.

– Je ne vous ferai pas l'injure...

– Buvons alors pour conclure notre accord, coupa le vieil homme.

Il retourna vers l'armoire et en sortit deux gobelets ainsi qu'un pichet de vin.

– L'un de mes... clients possède une vigne du côté de Reuilly, dit-il. Ce cru est fort apprécié. L'évêque lui-même ne manque jamais d'en acheter une barrique à la Saint-Vincent.

Le vieil alchimiste portait, à l'annulaire gauche, une bague d'un dessin curieux. Tout en parlant, il pressa la monture ; le chaton bascula, libérant une poudre noire qui se déversa dans la boisson de son visiteur. Celui-ci n'avait rien remarqué. Il jouissait de la chaleur du feu et du soulagement d'avoir mené à bien sa transaction. Comme tout avait été facile ! Il s'était attendu à plus de résistance. Il prit son gobelet, le leva et lança d'une voix joviale :

– Trinquons maintenant, buvons de compagnie,

car avant l'aube nous serons partis chacun de notre côté !

– Vous avez raison..., approuva l'alchimiste. Chacun de notre côté.

Le voyageur vida son vin d'une traite.

« Pour un vin d'évêque, je le trouve bien aigrelet, songea-t-il. Baste ! Ce vieux fou est un menteur comme tous ses pareils. J'en serai quitte pour quelques brûlures d'estomac. Et avec l'or que renferme cette bourse, je pourrai me payer les meilleurs crus du royaume. Et les plus belles putains. »

Il se leva, souhaita la bonne nuit au vieillard et sortit. Un léger vertige le faisait chanceler et un goût de fer s'attardait dans sa bouche. Il cracha sur un tas de neige, épongea son front ruisselant.

« Je ne me sens pas bien... cette maudite piquette m'a mis les entrailles en révolution ! »

Ses doigts, sous sa cape, touchèrent le cuir de la bourse. Soudain pris d'un doute, il desserra avec fébrilité le lacet et plongea la main dans le frais ruissellement des pièces d'or. Il en saisit une, la porta à sa bouche et la mordit.

« Par Satan ! »

Sous une mince couche dorée, la pièce était de plomb !

« Cet alchimiste du diable s'est joué de moi... il va me le payer ! »

Mais le marchand n'eut pas le temps de faire un pas de plus : une violente douleur le plia en deux, le sac de fausses pièces glissa de ses mains et, alors que les corbeaux volaient déjà au-dessus de Bourges, il s'écroula dans la neige.

Mort.

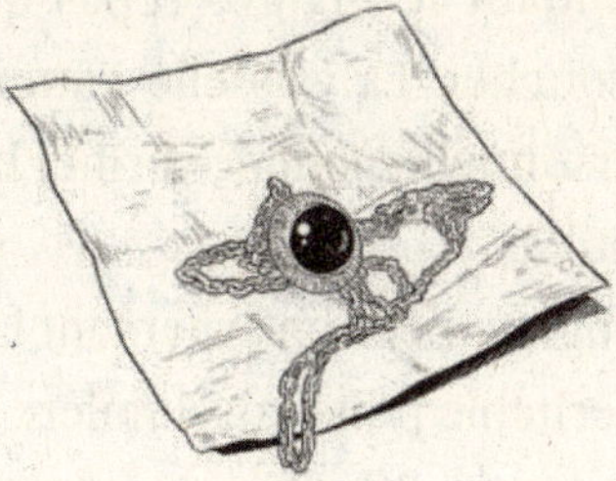

2

Pendant les jours qui suivirent, Adel n'eut pas un instant de liberté. Mlle Lelonbec semblait s'être donné pour mission de la surveiller. Au réfectoire, à la buanderie, au dortoir ou dans la pièce poussiéreuse qui servait de salle d'étude, il ne se passait pas cinq minutes sans qu'on vît surgir sa silhouette replète, enveloppée de cachemire mauve. Elle tournait la tête en tous sens, braquant son nez pointu vers les quatre points cardinaux, jusqu'à ce que l'objet de sa hargne apparût dans son champ visuel : alors, ses petits yeux noirs et vifs brillaient de satisfaction méchante.

– Adel, murmurait-elle d'une voix sucrée, je te cherchais, mon enfant. Tu vas m'accompagner, j'ai une pile de torchons à ourler. Une tâche tout à fait appropriée pour une jeune fille aussi... remuante.

– Adel ! jappait-elle, accoudée à la table des professeurs, pendant le maigre repas qui précédait l'heure du coucher. La vaisselle t'attend ! Et je me chargerai personnellement de vérifier la propreté de chaque assiette !

– Adel ! rugissait-elle en arpentant la cour étroite et humide, véritable puits sans lumière où les orphelins étaient censés s'ébattre un quart d'heure par jour, laps de temps jugé suffisant à la préservation de leur santé. Tu as encore oublié de ranger ta boîte à couture... file à la cuisine, il y a de l'ouvrage pour toi ! Et ne traîne pas en chemin, je te prie !

Adel haussait les épaules et obéissait. Avait-elle le choix ? Parfois, à l'insu de sa geôlière, elle touchait, dans la poche de sa jupe, le petit paquet. Il était lourd et semblait diffuser une légère chaleur. Ce poids qui battait sa cuisse la réconfortait : il y avait au moins, dans sa vie, une autre perspective que celle des innombrables corvées dont on l'accablait... Un jour, elle l'ouvrirait. Ce serait une merveilleuse surprise, un dernier secret partagé avec ses parents. Un sourire éclairait alors le visage de la fillette... Si Mlle Lelonbec avait vu ce sourire, elle l'aurait interprété comme une preuve supplémentaire du détestable esprit d'indépendance qui habitait le corps frêle de sa pensionnaire, et sa méfiance aurait été éveillée. Mais, par chance, elle était aveugle à tout ce qui ne servait pas exclusivement ses intérêts, et bien trop occupée à houspiller la cuisinière qui, à son gré, brûlait trop de charbon. Elle ne remarqua donc pas qu'Adel, chose étonnante, semblait heureuse.

Jusqu'à ce lundi de novembre...

Ce matin-là, Adel ne souriait pas. Une brume glaciale enveloppait les sombres bâtiments de la rue Pissevieille ; dehors, on n'y voyait pas à cinq pas. Dans les dortoirs de l'orphelinat, l'eau avait gelé dans les brocs. À une mauvaise nuit, passée à se tourner et se retourner sur une paillasse inconfortable et à grelotter sous une mince couverture, avait succédé une aube grise guère plus prometteuse. En s'habillant, la fillette avait constaté avec dépit que l'un de ses bas s'ornait d'un énorme trou ; or, elle n'en possédait qu'une paire de rechange, qui se trouvait à la lessive. Justement, elle était « lingère de semaine », titre pompeux qui sous-entendait de longues heures passées debout dans la buanderie à charrier seaux et baquets, à battre et frotter des draps aussi lourds qu'une chèvre morte, puis à tordre, l'une après l'autre, chacune des pièces de linge avant de les étendre dans la petite cour humide, pleine de courants d'air. En soupirant, Adel entoura ses épaules d'un vieux châle et descendit au réfectoire. Il y ferait tout aussi froid mais, au moins, elle pouvait compter sur une assiette de porridge tiède, mets à peu près inconnu des Français à cette époque, et dont M. Rancune avait rapporté la recette d'un voyage d'agrément à Londres. « Des flocons d'avoine, un peu d'eau, une pincée de sel et hop, les mioches ont le ventre plein, avait-il expliqué à la cuisinière en se frottant les mains. C'est bien moins cher que le pain. » Il réalisait ainsi de substantielles économies : M. Rancune avait la passion des œuvres d'art, et ses manies de collectionneur étaient pour le moins dispendieuses.

En entrant dans la longue salle dont les verrières jamais nettoyées ne laissaient passer qu'une lumière pauvre, la fillette qui précédait Adel dans la file des pensionnaires leva le nez et huma l'air.

– C'est dégoûtant, fit-elle à mi-voix. *Elle* l'a encore laissé brûler.

Sur les tables de bois brut, deux marmites fumantes exhalaient une odeur peu appétissante. Quelques années plus tôt, Charlotte Brontë avait fait, dans son roman *Jane Eyre*, une description éloquente du porridge brûlé, comparant son goût à celui des pommes de terre pourries. M. Rancune n'était pas grand amateur de littérature, malgré sa vaste culture ; il aurait su dans le cas contraire qu'une pitance aussi répugnante pouvait suffire à déclencher une révolution.

Et c'est exactement ce qui se passa.

Tenant à deux mains son assiette, Adel s'approcha du guichet derrière lequel la cuisinière s'affairait à faire reluire un caquelon.

– Pardonnez-moi, dit-elle avec politesse, mais le porridge est brûlé. Il nous est impossible de le manger. Pourriez-vous nous donner du pain, s'il vous plaît ?

Le « s'il vous plaît » avait eu un peu de mal à passer ; elle l'avait proféré, tout compte fait, et n'était donc pas mécontente d'elle-même. Après tout, la requête était raisonnable. Mais jamais, jusque-là, la fillette n'avait élevé la voix pour réclamer quoi que ce soit. Adel ne se demanda pas d'où lui venait cette audace soudaine. Le froid, la fatigue, la tristesse, loin de l'abattre, avaient ranimé ses forces.

La cuisinière, sidérée, dévisagea l'étrange enfant.

Puis elle rejeta la tête en arrière et se mit à rire à gorge déployée.

– Du pain, nasilla-t-elle en contrefaisant la voix de la fillette. Du pain, *s'il vous plaît* ! Et pourquoi pas de la tarte ? De la tarte à la crème pour Mme la Duchesse ! Elle est bien bonne !

Posant les deux mains bien à plat sur la table maculée de taches de graisse, elle se pencha, soufflant une haleine rance au nez d'Adel qui recula.

– T'as perdu la tête, petite vermine ! Tu vas aller t'asseoir et manger ton *pouridje* jusqu'à la dernière bouchée (l'estimable femme avait quelque peine à se faire aux subtilités de la langue de Shakespeare), c'est encore trop bon pour vous autres ! Sinon, gare ! Que je ne t'entende plus, ou j'appelle Mademoiselle...

Et, reculant la tête d'un mouvement reptilien, elle gonfla les joues et cracha dans l'assiette d'Adel.

Horrifiée, la fillette regarda le filet de salive grisâtre s'étaler à la surface du porridge. Des larmes lui brûlèrent les yeux. Cette fois, c'était trop. Elle avait enduré tout ce qui était humainement possible. Une vague de colère la submergea, bienfaisante.

Plantant son regard dans les petits yeux porcins de la grosse femme, elle articula :

– Non. C'est *vous* qui allez déguster ce mets de roi, puisque vous l'avez assaisonné à votre goût... je serais vraiment fâchée de vous en priver !

La cuisinière ouvrait déjà la bouche pour répliquer ; c'est pourquoi la plus grande partie de la portion de flocons d'avoine, quand Adel lui lança son assiette à la tête, s'engouffra dans cet orifice. Elle s'étrangla et tomba à genoux, congestionnée, cherchant son souffle.

C'est alors que le réfectoire explosa.

Les orphelins avaient suivi la dispute avec une vive curiosité ; tout ce qui rompait la désespérante monotonie de leurs journées était considéré comme une distraction bonne à prendre – surtout si un autre était puni. Mais ce qui venait de se passer était si énorme que leur prudence bien apprise vola en éclats. Ils se dressèrent sur les bancs et se mirent à bombarder la surveillante avec tout ce qui leur tombait sous la main : cuillers, gobelets, assiettes de porridge brûlé et même une souris morte ramassée derrière l'escalier. En quelques secondes, ce fut le chaos. Gluants, rouges, ébouriffés, les enfants hurlaient à pleins poumons. Jamais ils ne s'étaient autant amusés ! Deux sous-maîtres, alertés par Freddie qui avait assisté à la scène depuis l'arrière-cuisine et s'étouffait de rire, ne furent pas de trop pour ramener un semblant d'ordre dans la salle. C'étaient de solides gaillards, choisis en fonction de la modicité de leurs prétentions salariales et non de leurs compétences pédagogiques : ils foncèrent dans le réfectoire, de longues badines de coudrier à la main, et distribuèrent force coups.

Quant à la responsable de cette émeute, elle fut

traînée au cachot par une Mlle Lelonbec écumante de rage, et enfermée à double tour en attendant que l'administration statue sur son sort.

Adel, dans sa prison, ne se laissa pas tout de suite aller au désespoir : soutenue par le souvenir du combat qu'elle venait de livrer, elle sentait son sang circuler plus vite dans ses veines. Volontiers, elle aurait affronté M. Rancune lui-même. Qu'il se montre ! Elle était de taille à lui tenir tête ! Mais personne ne vint. La sous-directrice était bien trop avisée pour ne pas laisser à la rebelle le temps de mesurer les conséquences de son insubordination. Les heures passèrent ; le jour baissa et le froid se fit plus vif dans la cave humide, dotée d'un unique soupirail garni d'épais barreaux de fer. Dans un coin, un seau voisinait avec un bat-flanc où un mince matelas avait été jeté. Pas de meuble, pas de couverture, pas d'eau. Adel mourait de soif et de faim, car elle n'avait rien pris depuis la veille. Pour se réchauffer, elle marchait de long en large, quatre pas d'une muraille à l'autre, puis à nouveau quatre pas en sens inverse, qui la ramenaient toujours au même point, devant la muraille lépreuse. Le cachot donnait sur une courette où se trouvaient aussi la souillarde et une sorte d'appentis où s'entassaient divers outils. Un silence de mort régnait dans ce lieu éloigné aussi bien des salles de classe que de la cuisine ou du réfectoire. On aurait pu se croire dans un tombeau.

Quand la nuit fut tout à fait tombée, Adel, épuisée et transie, s'assit sur sa paillasse et entoura ses genoux de ses bras. La salle commune de l'orphelinat lui semblait tout à coup l'image même du paradis perdu – là-haut, au moins, il y avait du bruit, du mouvement, de la vie ; les petits, qui aimaient bien Adel, grimpaient sur ses genoux en lui réclamant une chanson ou une histoire. Alors, pour faire fleurir un sourire sur leurs lèvres trop pâles, elle puisait dans ses lectures clandestines la description de palais enchantés où elle faisait vivre des personnages de son choix : tous étaient beaux, généreux, pleins de courage et d'adresse. Ils parcouraient le vaste monde, vivaient des aventures magnifiques, voyageaient à dos d'éléphant, domptaient des chevaux sauvages. Son imagination lui peignait ces fictions de si vives couleurs qu'elle finissait presque par les croire réelles. Elle ferma les yeux et tenta de convoquer ses héros préférés, mais en vain. Ils n'étaient pas faits de chair et de sang et ne viendraient pas à son secours. Personne ne se souciait d'elle. Personne.

Le sentiment de solitude qui l'étreignit fut si intense qu'elle enfouit son visage entre ses genoux et se mit à sangloter. Dans le mouvement qu'elle fit, les plis de sa jupe bougèrent et elle sentit quelque chose de dur contre sa cuisse.

Le paquet !

Adel releva la tête et cessa de pleurer. D'un revers de bras énergique, elle effaça de ses joues les traces de larmes. Non, elle n'était pas seule, pas tout à fait. Ses parents lui avaient destiné un dernier cadeau. Quelle chance de ne pas l'avoir encore ouvert !

La fillette se rapprocha du soupirail pour profiter du chétif rayon de lune qui passait entre les barreaux et plongea la main dans sa poche. Avec des gestes lents et précautionneux, elle entreprit de déplier la toile. Il y en avait plusieurs épaisseurs : à chaque couche, l'objet encore dissimulé rapetissait. Adel, tendue par l'impatience, retenait son souffle et se forçait à procéder avec lenteur, car elle pressentait, sans bien savoir pourquoi, que toute hâte aurait été sacrilège. Enfin, quelque chose glissa dans sa main. C'était froid, lisse et souple.

« Un collier ! Non, une chaîne... »

Elle tenait une chaîne en or, fine mais solide, et

assez longue. Un instant, elle la regarda miroiter contre sa paume. Sans se l'avouer, elle éprouvait une sorte de déception. Un colifichet, joli, sans plus. N'était-ce que cela ? Pourquoi alors avoir pris tant de soin pour le cacher ?

Comme elle passait la chaîne à son cou, elle lâcha l'emballage encore replié, qui tomba à terre avec un petit bruit métallique.

« Il y a autre chose ! »

Vivement, elle ramassa l'objet et l'éleva dans la maigre lueur dispensée par l'astre nocturne.

C'était un pendentif oblong, de la taille d'une grosse amande ; dans la monture d'or massif, qui s'ornait de minuscules motifs gravés, s'enchâssait une pierre noire parfaitement ronde. Pour sa taille, le bijou était très lourd et Adel retrouva, en le serrant au creux de sa main, la sensation de chaleur qu'elle avait parfois ressentie en touchant dans sa poche le petit paquet bien enveloppé. Non, elle ne se trompait pas : la pierre *était* chaude. Fascinée, elle retourna le pendentif. Sur son autre face, d'autres motifs ou signes étaient gravés, mais la lumière n'était pas suffisante pour les distinguer. Soudain, ses jambes se dérobèrent et elle dut regagner le bat-flanc. Elle se laissa tomber sur sa paillasse, haletante. Un vertige l'envahissait ; ses oreilles bourdonnaient. Elle ferma les yeux et des images confuses défilèrent derrière ses paupières : de hautes montagnes s'élevaient tout autour d'elle, sombres, menaçantes. Au loin, un aigle planait dans le ciel embrasé par le soleil couchant. Le rapace plongea, se rapprocha en poussant un cri aigu ; elle entrevit son œil fixe quand il passa à quelques pieds au-dessus de sa tête. « Il va revenir... et m'attaquer », pensa-t-elle. Elle voulut fuir, mais ses pieds semblaient rivés au sol. Déjà l'oiseau amorçait une courbe serrée. Ses cris devenaient de plus en plus proches, de plus en plus stridents...

Puis la vision s'évanouit. Adel, pour se protéger, avait levé les mains devant son visage, et le pendentif était tombé sur le matelas. Perplexe, elle le saisit entre deux doigts et le contempla, mais rien d'anormal ne se produisit.

« J'ai dû rêver tout éveillée, se dit-elle. La faim me donne des hallucinations. »

Elle retira la chaîne et la glissa dans l'anneau du pendentif avant de la remettre autour de son cou. Le bijou, caché par le corsage de sa robe, reposait près de son cœur. Sa tiédeur la réconforta et, quand elle s'allongea sur la paillasse, elle sombra aussitôt dans un sommeil paisible.

Bourges, la veille de la Saint-Michel, 1454

Le mourant se redressa péniblement sur sa couche et émit un râle étouffé ; ses yeux trop brillants, creusés par l'agonie, semblaient implorer.

– Ne vous agitez pas, maître, supplia son apprenti. Voulez-vous un peu de bouillon ? Ma grand-mère m'en a donné pour vous.

Il se leva et se dirigea vers l'âtre où une petite marmite était posée sur les braises. Dans sa terreur de la mort qui approchait – il n'avait que dix ans et ne s'était jamais trouvé seul au chevet d'un malade – il renversa par deux fois le liquide chaud avant d'emplir une écuelle qu'il apporta.

Mais l'alchimiste secoua la tête et repoussa la main tremblante du garçon. De son doigt sec, à la peau parcheminée et jaunâtre, il désigna la porte.

– Vous voulez que je m'en aille ?

Nouveau signe de dénégation.

– Vous voulez que... que j'aille chercher quelqu'un ? Le médecin apothicaire ? Le... le curé ?

Le vieillard s'impatientait ; sa respiration se faisait sifflante.

– Ma grand-mère ? Non, attendez... Maître Jehan ? C'est bien cela ? Votre ami l'orfèvre ?

Épuisé, l'alchimiste retomba sur la paillasse et ferma les yeux. Une mauvaise sueur perlait à son front.

– J'y vais tout de suite, maître, souffla l'enfant, soulagé d'échapper pour quelques instants à la tristesse du logis.

La cloche d'une église proche retentit ; dans la chambre, rien ne bougeait. Un vent froid secouait le volet de l'unique fenêtre. Dans la ruelle, une femme cria « gare à l'eau ! » avant de jeter le contenu malodorant d'un seau. Le moribond ouvrit les yeux. La porte venait de s'ouvrir : un homme de haute taille et de forte corpulence, enveloppé d'une cape couleur rouille, se baissa pour franchir le seuil.

– J'ai renvoyé votre drôle, annonça-t-il sans autre préambule. Il était aussi effrayé qu'un garenne poursuivi par un chien. Ces gamins ont du sang de rave dans les veines.

Il s'approcha du grabat.

– Mon vieil ami, reprit-il plus bas. Il va falloir nous séparer, n'est-ce pas ? Bienheureux êtes-vous : vous connaîtrez bientôt le Grand Secret.

Il rejeta son manteau et s'assit sur une escabelle.

– Que puis-je faire pour vous ? Vous ne m'avez point fait quérir pour me dire adieu, je pense.

L'alchimiste tourna la tête : son regard se fixa sur une étagère branlante où s'alignaient plusieurs flacons de terre, scellés d'un bouchon de cire.

L'orfèvre hocha la tête.

– Un remède ? Lequel ? Ce flacon ? Non, celui-ci...

Le vieil homme battit des paupières. Délicatement, maître Jehan l'aida à soulever la tête et approcha le goulot de ses lèvres, après avoir brisé le bouchon. Le malade but avec avidité. Un peu de couleur revint à son visage.

– Merci, dit-il d'une voix faible.

Il referma ses doigts sur le bras de son ami et l'attira plus près de lui.

– Nous n'avons pas beaucoup de temps, chuchota-t-il. Cette potion me donne des forces... mais elle brûle aussi le peu de vie qui me reste dans le corps. Je dois vous confier quelque chose... un terrible secret.

L'orfèvre eut un mouvement de recul.

– Si vous avez une confession à faire, ce n'est point à moi qu'il faut vous adresser. Seul un prêtre peut vous donner l'absolution...

– Non... non. Je n'ai jamais cru à toutes ces

calembredaines. Mon créateur, quel qu'il soit, s'arrangera de ce qui restera de moi... après.

Il froissa dans sa paume le drap rêche.

– Il est vrai que j'ai commis un crime. J'ai tué un homme... mais c'était une âme basse, obsédée de lucre. La Connaissance ne l'intéressait pas. Vous trouverez dans l'armoire l'objet qu'il m'a apporté, et qui lui a coûté la vie.

Comme il se taisait, maître Jehan comprit ce qu'on attendait de lui. Il se leva, s'approcha du meuble, en fit jouer la clenche.

– Le paquet enveloppé de velours, sur l'étagère du milieu, souffla l'alchimiste.

L'orfèvre souleva l'objet, qu'il trouva fort lourd, et le déposa sur le lit. Avec révérence, les longs doigts du vieillard frôlèrent le tissu, le déplièrent : une pierre noire, mate, de la taille d'un œuf de cane, apparut.

– Ceci est un fragment d'une pierre plus grosse, expliqua le moribond. Elle est tombée du ciel quelques jours avant la Toussaint, dans les bois. L'homme qui a voulu me la vendre – le chien ! – ne m'en a pas révélé la provenance exacte. J'aurais pu le droguer pour le faire parler, mais cet éclat me suffisait. Au contraire, je l'ai tué pour qu'il garde le silence à jamais.

Pensif, l'orfèvre examinait la pierre.

– Cela ressemble un peu à de l'hématite... mais ces reflets... de l'obsidienne noire ? Non, pourtant...

Il la toucha, retira vivement sa main.

– Elle est chaude !

L'alchimiste hocha la tête.

– Elle conserve en elle le feu du ciel qui l'a créée. C'est une force qui ne se peut surpasser... voilà pourquoi cette pierre est si précieuse.

– Mais que vouliez-vous donc en faire ?

Pris d'un accès de toux, le vieil homme se plia en deux. Quand il eut retrouvé son souffle, il râla :

– Vous savez quel est mon Grand Œuvre. Cette pierre en est la clef.

– La clef de la fabrication de l'...

– L'or, oui. Et mieux encore. Une clef : j'ai employé ce mot à dessein.

Il se pencha vers son ami, chuchota :

– Elle ouvre une porte entre les mondes.

Maître Jehan battit des paupières, perplexe.

– Je ne comprends pas. Vous voulez parler de... l'Au-delà ?

L'alchimiste eut un geste d'agacement.

– Mon pauvre ami, toutes ces sornettes vous collent à l'âme et insultent à votre intelligence. Bien sûr que non. L'Au-delà ne m'intéresse pas. Tous,

nous saurons bien assez tôt ce qui s'y trouve, moi le premier.

Il fit un effort pour se redresser.

– Croyez-vous que la Terre a toujours ressemblé à ce que nous connaissons ? Dans le passé, des villes, des montagnes, des continents entiers furent engloutis. Certains gisent au fond des océans où ils achèvent leur décomposition. Mais d'autres...

Il tendit la main devant lui. Ses yeux brillaient comme s'il avait contemplé, au-delà des murs lépreux de la masure, un paysage d'idylle.

– D'autres existent encore ! Ils sont là, tout autour de nous, à portée de main, mais nous ne pouvons ni les voir ni les toucher ! Sauf si... sauf si...

Il acheva dans un souffle :

– Sauf si nous en possédons la clef.

– Je ne comprends pas, répéta l'orfèvre.

– Fiez-vous à moi... dans l'armoire, vous trouverez un livre. Lisez-le : toutes les connaissances dont vous aurez besoin y sont consignées. J'ai aussi écrit des instructions... je n'ai pas eu le temps de façonner cette pierre pour l'usage que j'en voulais faire, et nul, mieux que vous, n'en sera capable... quelle ironie ! Mourir alors que je touche au but !

Une écume rosâtre apparut au coin de sa bouche.

– Je m'en vais... je m'en vais. Approchez, mon ami...

Maître Jehan avança la tête. La bouche aux lèvres fendillées remuait, mais les paroles qui s'en échappaient étaient presque inaudibles.

– Les trois objets... ne les transmettez... qu'à celui qui s'en montrera digne... surtout... n'oubliez pas...

– Je n'oublierai pas, promit l'orfèvre, ému.

Les trois objets ? De quoi l'alchimiste parlait-il ? Sans doute la fièvre le poussait-elle au délire. Il ne fallait pas le contrarier. Qu'il meure en paix...

Un gargouillis s'éleva de la gorge du mourant. Ses yeux se révulsèrent. Son corps se banda comme un arc.

– L'A... l'Atl...

Ses lèvres se fermèrent à jamais sur le mot inachevé.

3

Le lendemain matin, Adel fut tirée de son sommeil par la voix stridente de Mlle Lelonbec.

– Debout, morveuse ! Il est cinq heures... et tu as de la besogne à abattre. C'est ton dernier jour ici, il est hors de question que tu perdes ton temps à rêvasser.

Adel se redressa.

– Mon dernier jour ? Vous voulez dire que...

Un fol espoir accélérait les battements de son cœur.

La grosse femme eut un mauvais sourire.

– Oui, ma belle, minauda-t-elle. Réjouis-toi ! Dès ce soir, tu seras chez ton nouveau patron. Un bienfaiteur de notre institution, qui accepte, par égard pour M. Rancune, de fournir pain, toit et travail à la mauvaise graine que tu es. Bon débarras, soit dit en passant !

Adel, sans répondre, posa la main sur sa poitrine pour s'assurer que le pendentif était toujours là. Les événements de la veille lui semblaient lointains, irréels.

« La pierre noire... l'aigle... j'ai dû rêver. Mais quel songe étrange et effrayant ! »

– ... ne te laissera pas tirer au flanc, tu peux me croire, pérorait la vieille sorcière. Ce n'est pas le genre d'homme à tolérer dans sa maison un ferment de paresse et de révolte...

– Qui avez-vous dit ? l'interrompit brutalement l'adolescente. Chez qui m'envoyez-vous ?

Mlle Lelonbec la toisa.

– Quelqu'un qui saura te dresser. M. Legroin, que tu devrais remercier à genoux de sa bonté. Qui pourrait vouloir de toi ? Une sans-le-sou, une bonne à rien, prétentieuse, sournoise et perverse ! Jamais je n'ai vu plus profonde ingratitude !

Adel s'était tue, foudroyée. La croyant matée, sa geôlière l'escorta jusqu'à la porte du réfectoire dont elle ouvrit la porte d'un geste faussement cérémonieux.

– Madame la Duchesse est servie ! Tu vas commencer par nettoyer le théâtre de tes exploits. Après, tu t'occuperas du raccommodage, tu briqueras les chenets, tu cireras les parquets de la salle des professeurs, tu dépoussiéreras tous les livres de la bibliothèque... Non, pas les livres. Les livres ont une très mauvaise influence sur les jeunes filles... Mais ne t'inquiète pas, nous trouverons bien de quoi t'occuper !

Comme un automate, la fillette prit la serpillière et le seau qu'on lui tendait. Mais la mégère n'avait pas encore craché tout son venin.

– À propos, Adel... Puisque la nourriture que nous servons ici te déplaît, tu ne mangeras pas aujourd'hui. Tu pourras ainsi te rendre utile, pour une fois !

Sur ces mots, Mlle Lelonbec se planta devant la porte, croisa les bras et darda sur sa victime un regard féroce.

Adel réprima un haut-le-cœur, mais les protestations de son estomac vide n'y étaient pour rien. M. Legroin ! Cet homme immonde ! Court sur pattes, doté d'une bedaine proéminente et d'un nez monstrueux, bourgeonnant, violacé, il prenait plaisir à tourmenter les orphelines. Lors de ses visites à l'institution, Adel et nombre de ses compagnes avaient dû subir ses caresses répugnantes, soi-disant « paternelles ». Tous les ans, il choisissait une servante parmi les plus grandes élèves. Quel sort il réservait à ces malheureuses, on l'ignorait ; toutes disparaissaient au bout de quelques mois. On chuchotait qu'il les tuait à la tâche et que l'une d'entre elles, de désespoir, s'était pendue.

« Si je le laisse m'emmener, je suis perdue. Il m'enfermera à clef, il me surveillera comme un avare son trésor. »

Elle devait s'enfuir. Mais comment déjouer la surveillance de Mlle Lelonbec ? Tout en grattant de son mieux le porridge séché qui maculait le plancher, Adel observait son bourreau du coin de l'œil. La surveillante semblait bien décidée à rester là toute la matinée. Avec quel plaisir elle l'aurait assommée d'un coup de manche à balai ! Certes, c'était une solution désespérée, mais si aucun miracle ne se produisait, elle devrait bien s'y résoudre.

Le miracle se produisit peu après que le concierge eut sonné la cloche signalant l'unique récréation de la journée.

On frappa à la porte.

– Entrez ! cria Mlle Lelonbec.

Un garçon poussa le battant et entra. Un peu mieux vêtu que les autres pensionnaires, il avait un visage pâle aux yeux dépourvus d'expression et des cheveux plats et gras. Edmond Paillot – le mouchard de Mlle Lelonbec. Pour un cornet de bonbons, il était prêt à dénoncer n'importe qui, et ne s'en privait pas.

– Qu'y a-t-il, Edmond ? demanda la sous-directrice.

– Vite, Mademoiselle, il faut que vous veniez ! Robert et Thomas sont en train de se battre.

La grosse femme eut un geste d'agacement.

– Que veux-tu que cela me fasse ? Qu'ils s'écharpent donc, si cela leur fait plaisir !

– Mais, Mademoiselle... Ils se battent pour un *couteau*. Je l'ai vu : Thomas le cachait sous son oreiller. Et il a dit : « Avec ça, je vais faire la peau de cette vieille catin... »

Mlle Lelonbec se dressa, très rouge.

– Cette vieille... ? Mais de qui parlaient-ils donc ?

– De vous, Mademoiselle, indiqua le garçon avec une feinte candeur. Même que Robert, il n'était pas d'accord : il voulait le faire lui-même, qu'il a dit. « Je veux voir sa grimace quand elle crèvera, cette charogne », ce sont ses propres mots, Mademoiselle.

– Le monstre ! Le...

Propulsant Edmond hors de la pièce, elle agita son trousseau de clefs en direction d'Adel, qui avait assisté, médusée, à cet échange.

– Et toi, ne te crois pas autorisée à bayer aux corneilles ! Je reviens tout de suite !

La porte se referma avec un claquement sec ; la clef tourna dans la serrure. Adel se précipita vers les fenêtres, mais elles étaient garnies de barreaux de fer épais comme le bras. Il n'y avait aucune issue.

« La cheminée ! Elle ne sert jamais, M. Rancune trouve que le charbon et le bois coûtent trop cher. Elle n'a pas été nettoyée depuis des siècles... Mais les anciens propriétaires étaient peut-être moins rapiats, et on fixe toujours des pitons dans le conduit, pour les ramoneurs ! »

Piétinant les flaques de porridge figé, Adel se glissa dans l'âtre vide et, les bras levés, tâta le mur jusqu'à ce qu'elle sente sous ses doigts le premier piton. Elle s'y accrocha de tout son poids ; il semblait solide. Mais les autres ? Résisteraient-ils, ou le temps et l'humidité les avaient-ils descellés ? Elle imagina la chute dans le conduit noir de suie... Elle se romprait le cou, c'était sûr, si elle tombait d'une telle hauteur.

« Eh bien, si je me tue, M. Legroin en sera pour ses frais. Du courage, ma petite. Qui ne risque rien n'a rien. »

Adel respira un grand coup et commença son ascension. À plusieurs reprises, son pied ripa sur le fer rouillé, mais elle se rattrapa de justesse. Au-dessus de sa tête se découpait un rectangle clair. La liberté ! Elle se répéta plusieurs fois ce mot avec délices. Une fois sur le toit, elle enjamberait l'impasse qui séparait l'orphelinat de la maison voisine. Ce serait facile, les murs des immeubles se touchant presque. Plus loin, une solide gouttière lui permettrait de descendre dans la rue. Après... Non. Elle ne voulait pas y penser. Après, tout irait mieux puisqu'elle serait libre, enfin.

Mais avant de quitter pour toujours cet horrible endroit, elle devait aller chercher le carnet de son père. Laisser la sous-directrice poser ses gros doigts graisseux sur les pages couvertes de son écriture... pas question ! Adel émergea de la cheminée et s'avança avec prudence sur les tuiles glissantes. Par chance, la tabatière du grenier était entrebâillée. Elle se glissa à l'intérieur et ouvrit sa malle. Rapidement, elle serra dans un vieux fichu ses quelques trésors, la photo de ses parents, la boussole et bien sûr le cahier relié de cuir. Elle se coiffa du chapeau de sa mère et, alors qu'elle s'apprêtait à remonter sur le toit, son baluchon noué à son bras, un cri lui glaça le sang. C'était la voix de Mlle Lelonbec. La mégère avait découvert sa fuite !

« Il faut que je me dépêche, ou je frotterai toute ma vie les parquets de M. Legroin. À moins que Mlle Lelonbec ne m'ait tuée sur place avant. »

Adel, prenant appui sur une malle, se hissa à

grand-peine par la tabatière, provoquant la chute d'objets divers qui roulèrent sur le plancher avec bruit. Prise de panique, elle se mit à courir. Elle était presque arrivée à l'impasse lorsqu'une tuile glissa sous ses pieds. Adel chuta et se retint au bord du toit, les jambes ballant dans le vide. Plus loin, elle entendait la voix perçante de Mlle Lelonbec.

– Grimpe sur le toit, Freddie, et ramène-la de gré ou de force ! Tu m'entends ? s'égosillait-elle.

– J'voudrais bien, répondait placidement le jeune garçon. Mais elle s'est comme qui dirait envolée. Y'a pas plus de fille sur ce toit que de beurre sur vos tartines, sauf vot'respect.

– Insolent ! Si tu ne vas pas la chercher...

Les épaules d'Adel lui faisaient mal ; il lui semblait que les muscles de ses bras allaient se déchirer. Au-dessus de sa tête, les voix baissèrent d'un ton. Freddie et Mlle Lelonbec se disputaient toujours, mais le garçon de courses avait dû refermer la tabatière. « Merci, Freddie », pensa-t-elle, fermant les yeux sous l'afflux de la douleur. Du bout du pied, elle chercha sur le mur une saillie, un rebord, mais le crépi se détachait par plaques et n'offrait aucun secours. Elle allait lâcher prise quand une charrette s'engagea dans l'impasse, cinq mètres plus bas. Le conducteur, d'une voix avinée, entonna un couplet paillard. Adel le connaissait : c'était le père Toine, le chiffonnier. Quand il avait trop bu, il remisait son véhicule dans l'impasse Canart et s'offrait un somme. Risquant un coup d'œil vers le bas, Adel vit, sous ses pieds, la tête coiffée d'un feutre décoloré qui dodelinait. À bout de forces, elle se laissa tomber, priant pour ne pas se heurter aux ridelles. Par chance, elle atterrit sur un ballot de linge sale dont l'odeur lui fit froncer le nez. Ce n'était pourtant pas le moment de se montrer difficile, se morigéna-t-elle. L'ivrogne, tout à sa chanson, n'avait rien remarqué. Adel s'apprêtait à descendre de la charrette quand un pas résonna à l'entrée de l'impasse. Elle se glissa entre deux couffins débordant de guenilles puantes et tira sur elle une couverture en loques.

– Hé, l'homme, fit la voix traînante de Freddie, vous n'auriez pas vu une fille se sauver ? Grande comme ça, à peu près... avec des cheveux roux.

– Une fille ? *Les filles de Saint-Pancrace/Ont de bien jolis tétons*..., claironna l'ivrogne. Tu m'offres un litron de muscadet, l'ami ? J'connais un rade[1], pas loin, où il est bon...

– Ça va, j'ai compris, grommela le garçon. Dors bien, pépère.

1. Rade : en argot, débit de boissons.

Le bruit de ses pas décrut ; le chiffonnier hoqueta, puis se mit à ronfler.

« Maintenant. »

Adel s'extirpa de son refuge malodorant et se glissa hors du véhicule. Il n'y avait personne dans l'impasse. Dans la rue de la Voûte, les maisons délabrées et fissurées se serraient les unes contre les autres et semblaient lui jeter des regards mauvais. Baissant la tête, la fillette pressa le pas et déboucha sur le boulevard Soult. Là, elle faillit passer sous les roues d'un fiacre qui la projeta contre le mur d'un estaminet. À son grand étonnement, personne ne fit attention à elle. Deux femmes discutaient sur le pas d'une porte ; toutes deux avaient les traits tirés et des cheveux ternes. Des ouvriers se hâtaient vers leur travail, le col relevé ; le brouillard les avalait au bout de quelques mètres. Adel, qui grelottait, tassa ses cheveux sous son vieux chapeau.

« Dans cette purée de pois, Freddie aura du mal à me repérer... mais je ferais mieux de ne pas m'éterniser ici. »

Comme elle longeait le boulevard, son regard accrocha la silhouette d'un passant. Grand et brun, il était engoncé dans une pèlerine de cocher à triple collet. Pour marcher, il s'appuyait sur une canne à bout ferré, sans parvenir à dissimuler une légère claudication. La fillette ne pouvait distinguer son visage, mais elle eut l'impression qu'il l'observait. Elle tourna au coin de la rue Montéra, courut sur quelques dizaines de mètres, puis jeta un regard derrière elle. « Toc. » « Toc. » L'homme se rapprochait. Instinctivement, Adel chercha, sous sa chemise, la chaleur rassurante de son médaillon. Ses doigts se refermèrent sur le bijou : elle reprit sa course, obliqua dans la rue du Niger, sauta au-dessus des rails de chemin de fer... et s'étala de tout son long. Sonnée, elle tâta son front où saignait une ecchymose. Elle avait heurté un mur ou un réverbère – et pourtant, il n'y avait pas le moindre obstacle devant elle ! Elle avança une main tremblante, qu'elle retira aussitôt comme si elle s'était brûlée.

Là, devant elle, là où elle ne voyait rien que le brouillard dont les lourdes volutes l'enveloppaient, elle avait senti *quelque chose.*

« Je sais que j'ai pris un coup sur la tête, mais... est-ce que je deviens folle ? Ou aveugle ? Non, je vois mon bras, mes jambes, cette affiche rouge en lambeaux, sur le mur... mais cette chose invisible... *Qu'est-ce que c'est ?* »

Prudemment, l'orpheline se releva et palpa l'air devant elle : à nouveau, ses doigts rencontrèrent une surface rugueuse. Levant les bras, elle constata qu'elle ne pouvait en atteindre le sommet. En revanche, elle en faisait aisément le tour. Et *ça*, qu'est-ce que c'était ? Des excroissances, minces, lisses... un *arbre* ? Elle entendit un froissement, mais n'y prêta pas attention car un autre bruit venait de retentir dans la ruelle : « Toc. » « Toc. » L'inconnu ! Il la suivait toujours... Prise de panique, Adel escalada le talus dont l'herbe rase était jonchée de détritus et détala. Plus loin, quelques mendiants étaient rassemblés autour d'un maigre feu. La fillette fit un crochet pour les éviter et fonça droit devant elle, au hasard. Elle dérapait sur les pavés luisants d'humidité, pataugeait dans les flaques. Malgré le froid, la sueur coulait le long de son dos. Quand elle s'arrêta enfin, à bout de souffle, elle n'aurait su dire où elle se trouvait. Autour d'elle se dressaient des bâtiments tous semblables, aux murs aveugles. Des entrepôts. La porte de l'un d'entre eux était entrebâillée : Adel se glissa par l'ouverture et s'adossa au battant, épuisée. Ses muscles se relâchèrent. Elle tendit l'oreille : pas un bruit.

« Je ne saurai jamais ce que cet homme me voulait... et j'aime autant ça ! »

Son baluchon pesait à son bras. Elle fit un geste pour dénouer le tissu qui l'enveloppait – et se figea.

Dans sa main gauche, elle tenait une branche. Une branche de pommier, couverte de fleurs au parfum sucré. Leurs corolles blanches, délicates, évoquaient le printemps.

Or, si elle n'était pas folle – ce qui bien sûr aurait tout expliqué –, le mois de novembre tirait à sa fin.

Un peu plus tôt dans la matinée – au moment précis où Adel escaladait le conduit de cheminée –, un homme s'était présenté à la porte de l'institution Sainte-Frédégonde. D'apparence soignée et respectable, il portait une moustache bien taillée et ses cheveux rares étaient soigneusement plaqués sur son crâne en forme de pain de sucre. Un porte-documents de cuir fauve était glissé sous son bras gauche. Comme le tintement de la sonnette restait sans réponse, il leva une main gantée de gris perle et frappa trois coups appuyés à la porte. Quelques instants plus tard, celle-ci s'entrebâilla et le minois pointu d'un garçon de dix ans, barbouillé de porridge durci jusqu'aux sourcils, apparut.

– J'aimerais rencontrer le directeur de cet établissement, articula posément le visiteur. On m'a aussi parlé d'une certaine dame... Attendez un instant... (Il consulta son calepin.) Mlle Lelonbec.

À ce nom haï, l'enfant ne put s'empêcher de jeter un regard apeuré derrière lui.

– Elle est occupée, chuchota-t-il. Il y a du grabuge. Mais j'vais vous conduire chez M. Rancune.

Il trottina vers le grand escalier et escalada les marches qui menaient au bureau directorial, non sans marquer une pause pour tendre l'oreille au tumulte qui agitait les étages supérieurs de la maison. On entendait des cris ; un bruit de pas précipités fut suivi du claquement d'une porte fermée à la volée.

– C'est là, bredouilla le gamin avant de s'enfuir à toutes jambes.

Visiblement, il ne tenait pas à se retrouver, fût-ce quelques secondes, en présence de M. Rancune. « Parfait, pensa le visiteur. Parfait. L'enfant, si elle compte parmi les pensionnaires de cette institution, sautera sur la première occasion d'en sortir. C'est très exactement ce que j'espérais. »

M. Rancune ne se leva pas pour accueillir son visiteur. Affalé dans un fauteuil Régence qui supportait à grand-peine sa corpulence, il était occupé à déguster un mille-feuille, son péché mignon. Une cafetière en porcelaine de Meissen et une tasse étaient posées sur un plateau d'argent, près de lui. Avec humeur, il chassa quelques miettes accrochées aux revers de sa veste d'intérieur et aboya :

– Oui ? C'est à quel sujet ?

Sans y être invité, l'homme prit place sur une fragile chaise Louis XV, ouvrit son porte-documents et en sortit plusieurs feuilles de papier qu'il disposa méthodiquement devant lui. D'une poche intérieure, il tira un lorgnon d'or qu'il ajusta sur son nez. Enfin, il cueillit entre deux doigts une carte gravée qu'il présenta à son vis-à-vis.

– Me Charles-Adalbert Sornois, notaire à Passy, fit-il avec affabilité. Je représente la famille de la jeune Adel Pullman, une malheureuse orpheline qui a dû, voici quelques années, être confiée à la charité publique. Un tragique malentendu, croyez-moi.

– Qu'est-ce que ça peut me faire ? repartit le directeur d'un ton rogue.

– C'est que, voyez-vous...

La voix n'avait rien perdu de son onctuosité.

– Cette jeune demoiselle est en réalité très riche.

– Riche ?

M. Rancune se redressa sur son fauteuil, une lueur de cupidité dans le regard.

– Mais... d'où viendrait cette subite fortune ? Ses parents n'ont laissé qu'une malle bourrée de vieilleries. Le professeur Pullman avait englouti son capital dans des recherches absurdes... Que voulait-il découvrir, déjà, ce jeune fou ? Un temple, une ville enterrée... ou un continent englouti, je ne sais plus.

Le notaire parut contrarié : il tapota, d'un ongle manucuré, les documents étalés sur le bureau.

– C'est sans intérêt, mon cher monsieur. Sans aucun intérêt. Le professeur Pullman nourrissait sans doute, comme beaucoup de savants, d'étranges lubies qui l'ont conduit à la ruine ; mais sa sœur, elle, était douée de bon sens et a su mener ses affaires.

Le directeur haussa les sourcils.

– Une sœur ? Personne ne m'en a jamais parlé. La fillette elle-même n'a jamais mentionné son existence.

– Parce qu'elle l'ignorait. Une brouille familiale, voyez-vous, qui remontait à loin, bien avant sa naissance. Toujours est il que Mlle Ludivine Pullman, sur son lit de mort, a voulu assurer l'avenir de cette nièce qu'elle n'avait jamais vue. Elle m'a fait appeler à son chevet et m'a dicté un testament par lequel elle l'institue héritière de tous ses biens, qui sont considérables. Votre pensionnaire possède un château en Touraine, des vignes dans le Bordelais, une manufacture de mouchoirs à Cholet...

Au bord de la crise d'apoplexie, M. Rancune desserra sa cravate, qui l'étouffait.

– Vous avez ici tous les documents officiels, continuait le notaire. Veuillez en prendre connaissance. En tant que tuteur de Mlle Pullman, j'entends l'emmener dès aujourd'hui.

– Aujourd'hui ?

– Je saurai me montrer... compréhensif.

Me Sornois posa sur le bureau une épaisse enveloppe.

– Vous recevrez le double de cette somme dès que ma pupille sera en sécurité dans son nouveau... foyer. Avec tous ses effets personnels, bien sûr. Je sais quel prix les jeunes filles attachent aux souvenirs de famille.

– Bien sûr, bien sûr, bredouilla le directeur. Vous êtes très généreux. Cette chère enfant ! Nous allons bien la regretter. Elle était un rayon de soleil dans nos existences besogneuses et nous l'avons choyée comme notre propre fille... bien que les aspérités de son caractère... hum. Je vais l'envoyer chercher tout de suite.

Il tendit la main vers le cordon de sonnette.

La porte s'ouvrit alors avec fracas.

Mlle Lelonbec, cramoisie, le chignon en berne, se tenait sur le seuil.

– Adel ! éructa-t-elle. Cette petite garce s'est enfuie !

Amsterdam, mars 1536

– Je ne resterai pas un jour de plus dans cette maison !

La jeune Grietje, servante depuis trois semaines chez Johan L'Orfèvre, dit Le Bourgeoys, détacha les cordons de son tablier et le roula en boule avant de le jeter dans un coin. La porte claqua et le bruit des pas de la jeune fille, qui courait le long du canal comme si le diable lui-même s'était lancé à sa poursuite, décrut dans le lointain.

– C'est la troisième qui réclame ses gages depuis la Noël ! Johan, vous devez faire quelque chose !

Debout au milieu du vestibule dallé de carreaux noirs et blancs, la femme de l'orfèvre se tordait les mains de désespoir.

– Calmez-vous, la douce, allons souper... Je crois que la cuisinière a préparé des beignes et des harengs bien gras. Haring in't land, dokter aan de kant[1] ! *plaisanta-t-il.*

Johan Le Bourgeoys – que l'on appelait ainsi à cause d'un ancêtre venu de France, de Bourges plus

1. « Quand le hareng est là, le médecin peut s'en aller. »

précisément – cherchait à gagner du temps. C'était un homme paisible, qui ne désirait rien tant qu'une existence bien réglée et exempte de ce qu'il appelait « les ennuis ».

Or, des ennuis, il en avait plus que son compte, ces temps-ci. Sa femme avait dit vrai : dans sa maison, les domestiques ne duraient pas plus que le soleil sur les marais du Nord.

Et tout le monde, dans la Vinkenstrasse, où son grand-père et son père avant lui avaient exercé leur art, en connaissait la raison.

Non loin de là, à l'auberge de l'Ours qui Danse, trois artisans du quartier jouaient aux cartes en buvant force chopes de bière blanche. Accoudé au comptoir, un homme enveloppé dans une cape sombre leur tournait le dos. Indifférent au tumulte qui régnait dans la salle, il penchait d'un côté, puis de l'autre, son verre de genièvre, dont il n'avait avalé qu'une gorgée.

– Savez-vous la nouvelle ? lança Niels le savetier. Grietje, la servante de l'orfèvre, vient de rendre son tablier. Ma sœur l'a vue passer peu avant midi ; et elle n'allait pas au marché, vous pouvez me croire.

– Elle aussi ! La petite Jacoba, le mois dernier, a filé sans demander son reste.

Le plus âgé des trois compères étala son jeu et, sans prendre la peine de baisser la voix, poursuivit :

– Il paraît qu'il se passe des choses bizarres dans cette maison... des tableaux se décrochent, les meubles changent de place...

Ses compagnons partirent d'un gros rire.

– La femme Johan a le goût du changement, voilà tout !

– Ce n'est pas ça... Des objets disparaissent et réapparaissent des semaines plus tard, dans les endroits les plus incongrus. Comme s'ils étaient DOUÉS DE VIE !

Les deux autres joueurs se signèrent vivement.

– Tais-toi, Klaas. Tu blasphèmes ! Des objets ne peuvent être... ce que tu dis.

– Pour nous autres, non, certes. Mais pour un sorcier ?

L'étranger n'avait rien perdu de cette conversation. Il sortit quelques pièces de son gousset et les poussa vers l'aubergiste.

– Est-ce vrai, ce que l'on raconte sur cette famille ?

Et, comme l'homme se renfrognait, il ajouta :

– Si je suis content de vous, vous serez content de moi, je vous le promets...

– Qu'allons-nous faire ?

Maîtresse Inge n'entendait pas se laisser distraire de ses préoccupations. Qu'importait que la chair des harengs apprêtés par la vieille Neeltje fût grasse et blanche à souhait sous une peau croustillante ! La brave femme avait à peine touché à son assiette. Quant à son époux, il ne montrait finalement guère plus d'appétit et émiettait sur la nappe une boule de pain noir.

– Nous n'avons plus de domestiques. Et je ne peux en vouloir à ces filles : j'ai remarqué, moi aussi, des incidents fort troublants. L'autre dimanche, j'époussetais le cadre du portrait de votre ancêtre, le Français...

L'orfèvre eut un geste de protestation, mais Inge poursuivit, obstinée :

– ... quand il est mis à trembler. Si, Johan, je vous assure. Je me suis dit : Inge, ma pauvre, tu perds la tête ! Mais, le lendemain, le coffre qui se trouve sous le portrait, et que vous tenez toujours fermé à clef, a bougé. Comme si... (Elle frissonna.) Comme si ce qui se trouve à l'intérieur voulait en sortir...

– Voyons, ma mie, c'est... c'est invraisemblable... impossible ! La fatigue vous aura troublé l'entendement.

– Point du tout. Je sais ce que j'ai vu. Dites-moi, je vous prie, ce qu'il y a dans ce coffre.

Johan Le Bourgeoys détourna le regard.

– Rien d'intéressant.

– Vous mentez ! Pourquoi alors le surveillez-vous comme si vous y celiez un trésor ? Jamais je ne vous ai vu l'ouvrir. Je n'en peux plus de tous ces mystères ! Si j'avais écouté ma mère, je serais aujourd'hui mariée à Matthijs, le boulanger, qui me courtisait dans ma jeunesse. Un brave homme, avec du bien au soleil. Lui n'aurait jamais eu de secret pour son épouse légitime !

Agacé, l'orfèvre haussa les épaules.

– Calmez-vous, ma chère. Ce n'est pas la peine de vous mettre dans de pareils états. Je vais satisfaire votre curiosité : ce coffre ne contient qu'un vieux manuscrit, un médaillon, une sorte de poignard d'apparat et une petite boîte en fer. Des souvenirs de famille, légués par cet ancêtre dont le portrait vous fait si grand-peur. Il n'y a pas là de quoi fouetter un chat, avouez-le !

Après avoir quitté l'auberge de l'Ours qui Danse, l'homme au manteau sombre se mêla à la foule qui sortait de l'office du soir. Circulant de groupe en groupe, il épiait les conversations et y participait à sa manière. Depuis longtemps – si longtemps qu'il avait perdu le compte des années passées à cultiver cet art –, il avait appris à se rendre presque invisible. Les passants le voyaient, certes ; mais ils oubliaient aussitôt qu'ils l'avaient vu. Et l'homme en noir parlait d'une voix si douce, si insinuante, que les phrases qu'il prononçait semblaient l'écho de leurs pensées secrètes. Comme envoûtés, ils les répétaient, leur prêtant chaque fois plus de force et de conviction.

– On raconte, clabaudait une respectable matrone flanquée de trois marmots, que les Johan pratiquent la sorcellerie.

– Je l'ai entendu, repartit une autre, l'air sceptique. Mais il court tant de rumeurs !

– Ne contiennent-elles pas toujours un fond de vérité ? marmotta un vieillard.

– L'orfèvre connaît le secret pour changer le plomb en or. Voilà pourquoi il est si riche !

– Il vole le pain des chrétiens, des artisans honnêtes, et souille le quartier par son infâme commerce avec le Malin !

– Ces monstres, vomis par l'enfer, devraient être livrés au bûcher !

– Les sorciers au bûcher !

Qui avait jeté le premier cri ? L'horreur de cette

nuit passée, personne ne put s'en souvenir. En revanche, tous se rappelaient le sentiment extraordinaire qui les avait empoignés : celui d'être investis d'une mission sacrée. C'était à eux de faire justice, ils étaient le bras armé de Dieu. On comptait sur eux. Qui ? Ils ne le savaient pas. Mais ils prirent des faux et des torches et se mirent en chemin.

Au milieu de la nuit, l'orfèvre se retourna et repoussa le drap qui pesait sur sa poitrine. Une chaleur étouffante régnait dans la chambre.

– Inge... Vous avez oublié de couvrir les braises, bredouilla-t-il, mal réveillé.

Soudain, il se dressa sur sa couche. Devant la fenêtre garnie de petits carreaux, des flammes crépitaient.

– Le feu ! Inge, les enfants !

Sans prendre le temps de se vêtir, il se précipita vers le coffre. Sur le mur, le portrait de son aïeul, l'orfèvre venu de France, semblait approuver de la tête.

Les habitants du quartier, attroupés sur la placette, regardaient la maison brûler. Quand Inge parut, en chemise, serrant dans ses bras sa dernière-née et suivie de son fils qui s'accrochait à elle, les imprécations éclatèrent.

– Ils ne sont pas morts ! Le feu est leur ami, il ne peut les brûler !

– Tuons-les !

Un remous agita la foule ; une femme venait de lâcher sa torche, la jupe d'une autre avait pris feu. On réclamait de l'eau. La famille apeurée, profitant de ce répit, courut vers le canal. Une nappe de brouillard s'attardait sur les eaux sombres.

– Vite ! haleta l'orfèvre. Dans le bateau !

La barque plate appartenait à la famille : on ne s'en servait guère, et elle était retenue par une chaîne dont Johan conservait la clef dans la poche de son habit. Par chance, il avait jeté le vêtement sur ses épaules avant de fuir sa demeure embrasée. Avec des gestes fébriles, il ouvrit le cadenas et aida sa femme à s'installer sur le banc. Ribben, son fils, sauta à l'avant et entreprit de dégager les rames. À huit ans, il faisait preuve d'un sang-froid étonnant. Un sac pesant fut jeté dans le fond du bateau et Johan manœuvra pour s'écarter du quai. Devant la maison, les cris avaient repris, on les cherchait. Il fallait faire vite.

– Qu'avez-vous emporté ? Je vous ai vu ouvrir ce maudit coffre. Pensez-vous à votre famille ? Vous êtes-vous muni de quelque argent ? souffla rageusement Inge.

Il posa sur elle un regard égaré.

– Non. J'ignore ce qui s'est passé. Le portrait me regardait... Il... il semblait si vivant... Je n'ai plus songé qu'à une seule chose : je devais *sauver de la destruction le contenu de ce coffre.*

– Qu'allons-nous faire ?

Inge se mit à pleurer, son bébé toujours calé contre son ample poitrine.

– J'ai un bon client à Beauvais, un riche apothicaire qui prise fort les métaux précieux et les pierres fines. Il nous hébergera, en attendant.

– En attendant quoi ?

L'orfèvre baissa la tête et tira sur ses rames. À cette question, comme à bien d'autres, il ne pouvait apporter de réponse.

L'homme en noir s'était introduit dans la maison dévastée. Devant le coffre ouvert et vide, il retroussa les lèvres et gronda, comme un limier qui a senti le gibier mais doit se contenter de son fumet.

– Ce rustre m'a joué, murmura-t-il. Mais patience : le jeu n'est pas fini...

4

– En arrière, Termite ! C'est qu'une gosse, elle ne vaut pas un coup de dents. Oui, bon chien... Couché. Qu'est-ce que tu fiches ici, toi ?

La voix était jeune et fraîche en dépit de sa rudesse. Adel ouvrit les yeux : une silhouette vêtue d'une blouse large et coiffée d'une casquette la dominait. Une lanterne sourde était posée sur la paille à ses pieds. Prête à se défendre, la fillette se recula le plus possible dans la niche où elle s'était lovée pour se garantir du froid – mais quand ? Combien de temps avait-elle dormi ? Et quel était cet endroit, avec ses hauts murs que ne couvrait aucun crépi ?

Un grand rire coupa court à ses efforts de mémoire.

– On dirait un chaton qui sort ses griffes ! N'aie

pas peur, la môme. Termite n'a jamais bouffé personne. Il préfère les madriers, la sciure, les copeaux, c'est même de là que vient son nom. Avant d'être à moi, il suivait la charrette d'un marchand de bois... Il te boulotte une planche en moins de deux ! Allez, viens par là, qu'on te voie mieux.

Adel ouvrit la bouche pour protester, mais la referma aussitôt. Elle se sentait molle et légère, sans force ; un bourdonnement persistant vrillait ses tempes.

– Hé ! Tu ne vas pas tourner de l'œil, quand même ! Tu es pâle comme un linge... Tiens, bois ça.

Le goulot d'une bouteille toucha les lèvres d'Adel, qui déglutit, avala et se mit à tousser, l'estomac en feu.

– C'est la goutte du père... de la bonne, crois-moi. Il ne m'en voudra pas de lui en avoir chipé une gorgée. Mais dis-moi... depuis combien de temps n'as-tu rien mangé ?

– Je... je ne sais pas.

L'entrepôt était plongé dans l'obscurité. Nulle lumière ne filtrait par l'œil-de-bœuf qui surmontait la porte à deux battants. Dehors, c'était donc la nuit... Elle s'était réfugiée là le matin, elle s'en souvenait maintenant... Le jour précédent, elle l'avait passé au cachot, à l'institution Sainte-Frédégonde... Tout cela lui semblait si loin, déjà !

– Deux jours, je crois, balbutia-t-elle.

– Pas étonnant que t'aies des vapeurs. Bouge pas, je reviens.

Une main saisit la lanterne ; le rond de clarté qu'elle dispensait dansa sur la muraille, puis disparut. Adel se laissa retomber dans la paille et ferma les yeux. Elle ne sentait plus la faim. Même, à la pensée de la nourriture, une légère nausée lui venait. Le garçon ne reviendrait peut-être pas : alors elle mourrait. C'était si simple...

– Tiens, mange. On causera après.

Un quignon de pain bis, un gros morceau de fromage, une tranche de pâté... Elle n'avait rien vu d'aussi appétissant depuis des années ! Ranimée, la fillette dévora ce festin inattendu.

– Merci, bredouilla-t-elle, la bouche pleine.

Un rire lui répondit.

– Pas de quoi. Faut dire que j'ai plutôt l'habitude des noyés ; ils viennent cogner contre la coque, surtout ici, à Paris. On les ramène à quai d'un coup de gaffe... Trop tard pour leur proposer un casse-croûte ! Ça me change, une qui parle.

– La coque ? répéta Adel.

– Ben oui, la coque. La coque de la péniche, celle

de mes parents. La *Marinette*, la plus belle d'ici en Flandres ! Tu sais donc pas où t'es ? Au port de Bercy... Tu vois ces tonneaux, dans le fond ? C'est les futailles du père Laroche, un négociant en vins. On vient d'arriver. Demain, on lui décharge du sancerre, de quoi soûler un régiment !

Le garçon ôta sa casquette, libérant une longue natte brune.

– J'm'appelle Marinette... comme la péniche. Et toi ?

Adel s'étrangla avec sa dernière bouchée de fromage.

– Tu... tu es...

– Une fille, oui-da. Va-t'en faire rouler les pièces[1] avec un jupon ! Je suis bien plus à mon aise dans les vieilles nippes de mon frère. Et toi, d'où tu viens ? T'as les roussins[2] aux trousses ?

D'instinct, Adel sut que la franchise serait sa meilleure alliée.

– Non, répondit-elle. Je me suis sauvée de l'orphelinat. On voulait me placer chez un vieux... un vieux...

Marinette hocha la tête.

1. Pièces : tonneaux.
2. Roussins : en argot, policiers.

– Te fatigue pas, j'ai compris. Un qui te bassine avec ses sermons par-devant et qui te pelote par-derrière ! T'as bien fait. Où est-ce que tu comptes aller ?

Saisie, la fillette la regarda, les yeux écarquillés.

– Tu n'as personne ? insista son interlocutrice. Une tante, un oncle, des cousins ?

La gorge serrée, Adel fit un signe de dénégation.

– Quel âge as-tu ? reprit Marinette avec douceur.

– Treize ans. Presque quatorze.

– J'étais plus dégourdie que toi, à ton âge. Mais c'est vrai que l'orphelinat, c'est pas le meilleur endroit pour apprendre à se débrouiller dans la vie. Bon, pour ce soir, tu vas dormir là. Dans la paille, tu seras au chaud, et je te laisserai Termite : c'est un fameux gardien. Demain, on avisera. T'es d'accord ?

Soulagée, Adel fit écho :

– D'accord.

– Au fait, c'est quoi ton nom ?

– Adel.

– Joli. Allez, môme ! Fais de beaux rêves...

Au cœur de la nuit, les entrepôts de Bercy ressemblent à un monstre assoupi. Son échine hérissée se découpe sur le ciel livide, car Paris est là, tout près, au-delà de la barrière de La Rapée ; la ville ivre et folle, flambant de tous ses feux, où il n'est jamais d'obscurité complète. Devant les théâtres, les restaurants, les cafés, se presse une foule animée : des femmes en robe claire, avec des fleurs dans les cheveux et des bijoux au cou et aux poignets, des hommes en frac, mais aussi des mendiants, des valets, des voleurs, des désespérés. Plus loin, vers la Seine, des ombres rôdent. Des marchandises passent de main en main ; parfois des coups de couteau sont échangés, et un corps bascule dans l'eau noire, sans un cri.

Dans les péniches, les mariniers dorment. Demain, la besogne ne manquera pas. Après-demain, qui sait où ils seront ? Toujours à cheminer sur les routes liquides, attachés à leur embarcation comme un dogue à la chaîne, mais libres de suivre les nuages...

Adel dort. Elle n'entend pas le bruit de la canne ferrée heurtant les pavés inégaux. « Toc. » « Toc. » Rue de Vouvray, rue de Mâcon, rue de Blaye... L'inconnu, à présent, sait ce qu'il cherche. Il a repris la piste là où il l'avait perdue. En bon limier, il a questionné, flairé, réfléchi. Et il n'est pas loin de toucher au but...

Soudain, Termite se dresse, le poil hérissé, un sourd grondement roulant dans la gorge. D'une détente de ses muscles frémissants, le voilà près de la porte. Il y a là une ouverture trop basse et trop étroite pour qu'un enfant s'y puisse faufiler, mais elle lui suffit. Il est dehors. Lui aussi sait où il va, et ce qu'il doit faire. Des aboiements. Un cri de douleur.

L'ennemi est en déroute – pour ce soir.

D'un pas tranquille, Termite revient à l'entrepôt. Adel n'a pas bougé. Dans son sommeil, elle a cherché son médaillon ; elle le tient bien serré au creux de sa main.

À côté d'elle, sur une botte de paille, la branche fleurie semble luire d'un éclat irréel.

Termite se love contre le corps tiède, pose la tête sur ses pattes de devant et ferme les yeux.

– Il y a eu du vilain, cette nuit, annonça Marinette à la fillette le lendemain matin.

Elle tira de son sac de toile deux épaisses tartines de saindoux et un pot de lait.

– Régale-toi, il est encore chaud. Ma mère l'achète tous les matins chez des vieux, des maraîchers, pas loin : ils ont gardé une vache et des poules en plus de leurs salades. Alors comme ça, t'as rien entendu ? Pourtant Termite a donné de la voix, j'ai failli en tomber de ma couchette ! Je reconnaîtrais son aboiement entre mille... oui, gentil, le chien. Tu as bien travaillé : le bonhomme a dû filer comme un pet. Tiens... Adel, il a laissé ça derrière lui.

La jeune fille montra ce qu'elle dissimulait sous sa blouse de paysan : une canne d'ébène, à bout ferré, dont le pommeau s'ornait d'une tête de dogue. Fascinée, la fillette fixa l'objet comme s'il se fût agi d'un serpent venimeux. Ainsi, *il* l'avait suivie ! L'homme en noir, le boiteux...

Marinette jaugeait sa protégée d'un regard acéré.

– Y'a aussi un type, hier soir – c'est peut-être le même –, qui s'est baladé sur le port en posant des tas de questions. Il distribuait des pièces aux gamins. Est-ce qu'on aurait vu une fille de treize ans environ, avec des cheveux roux, toute maigriotte, l'air perdu... voilà ce qu'il voulait savoir. Ce serait pas toi qu'il cherchait, des fois ?

Elle se carra dans la paille et croisa ses bras sur sa poitrine.

– J'ai idée que tu m'as raconté des histoires, ma belle. Va falloir t'expliquer. Vas-y, j'ai tout mon temps.

Adel respira un grand coup.

– Je ne comprends pas plus que toi ce qu'il me veut, commença-t-elle. Il m'a repérée hier, avant que je trouve refuge ici. C'est peut-être un voleur d'enfants ?

– Et *ça* ?

Marinette montrait la branche de pommier, dont les fleurs répandaient un parfum sucré.

– Ne me prends pas pour une idiote. Des fleurs de pommier à trois semaines de Noël ! Où as-tu trouvé ce bout de bois ?

Adel leva ses deux mains dans un geste de découragement.

– Si je te le disais, tu ne me croirais pas. Mais il vaut peut-être mieux que je te raconte tout. Même si tu me prends pour une folle...

– Ne te gêne pas. J'adore les histoires !

Quand Adel eut terminé son récit, la matinée était déjà bien avancée. Des charrettes passaient dans la ruelle, leurs roues cerclées de fer sonnant sur les pavés ; les chevaux s'ébrouaient et lançaient des hennissements sonores, les conducteurs s'interpellaient du haut de leur voix, parfois un juron fusait, ou un éclat de rire. Dans l'entrepôt, un rayon de soleil hivernal mouchetait d'or le sol de terre battue.

– Incroyable, murmura Marinette. Tu dis que tu

as... touché un arbre invisible ? Et tu penses que je vais avaler ça ?

– Non, fit Adel avec lassitude. Bien sûr que non. Je sais que certaines personnes ont des visions... on appelle ça des hallucinations. On croit voir des choses qui n'existent pas. Mais moi, je n'ai rien *vu* ! Et cette branche, elle est bien venue de quelque part.

Marinette repoussa sa casquette en arrière et fourragea dans ses cheveux.

– Ça s'est passé où ?

– Près des fortifications. Il n'y avait rien de spécial à cet endroit. Je courais, et tout à coup j'ai heurté quelque chose.

Elle se revit fuyant, effrayée, le sinistre « toc, toc » de la canne. Machinalement, elle tâta l'étoffe de son corsage ; sa main s'immobilisa sur le petit renflement du médaillon. Une douce chaleur l'envahit aussitôt et une vague d'émotion la submergea.

« Papa, maman... si seulement vous étiez près de moi ! Je suis sûre que vous trouveriez une explication à tous ces événements étranges... »

Une larme glissa le long de sa joue, puis une autre, s'insinuant dans le col de sa robe – jusqu'à la pierre noire qui semblait palpiter d'attente. Elle ferma les yeux.

– Pleure pas, la môme, dit Marinette d'une voix enrouée.

Elle leva la main pour caresser les cheveux de la fillette – et retint un cri. Sa main venait de traverser les mèches rousses sans qu'elle les sentît. Le petit visage pâle s'effaçait ; il devenait transparent.

Sous les yeux effarés de la jeune marinière, *Adel était en train de disparaître !*

Beauvais, été 1793

– Il faut fuir, Claire. Sans attendre.

La jeune femme quitta la bergère où elle était étendue et s'approcha de la fenêtre. Les pans de son négligé d'indienne, ouverts sur une chemise de nuit de batiste blanche, révélaient une grossesse très avancée. Le front contre la vitre, elle contempla la rue obscure. Au-dessus des toits, des éclairs de chaleur déchiraient le ciel nocturne. L'air était lourd, oppressant.

– Mais pourquoi ? répéta-t-elle une fois de plus. Vous êtes connu dans la région pour avoir toujours pris le parti du peuple contre les tyrans. Et vous êtes le meilleur médecin de Beauvais. Le chef du Comité de salut public est votre ami. Qui se risquerait à s'attaquer à vous ?

– Le citoyen Meunier vient d'être démis de ses fonctions. Et son remplaçant ne semble pas me porter dans son cœur. Je ne sais pas pourquoi ; je ne le connais pas. Il a dû être prévenu en ma défaveur. Il y a tant de dénonciations !

Jean-Baptiste Bourgeoys posa sa plume, sécha les lignes qu'il venait de tracer, puis cacheta le message.

– Soyez raisonnable, mon amie. J'ai un mauvais pressentiment, et je tiens à vous mettre à l'abri avant qu'il ne soit trop tard. Si vous ne le faites pour l'amour de moi, pensez au moins à l'enfant que vous portez ! Notre *enfant...*

De la poche de son gilet, il sortit une petite clef et ouvrit le premier tiroir de son bureau.

– Cette lettre est destinée à l'un de mes plus chers amis : le docteur Pullman, de Londres. Vous la lui remettrez. Et j'aimerais aussi que vous emportiez ceci.

Piquée, malgré elle, par la curiosité, Claire Bourgeoys se retourna.

– Un médaillon ! Comme il est curieux... Qu'est-ce que cette pierre noire ?

– Je l'ignore, ma douce. C'est un héritage de famille. Il fait partie d'un ensemble d'objets qui, paraît-il, auraient certains pouvoirs. Mais je n'ai jamais eu l'occasion de le vérifier. C'est peut-être une légende. L'histoire est fort embrouillée ; mon grand-père prétendait que cette pierre noire venait du continent englouti dont parle Platon, l'Atlantide... En tout cas, j'éprouve une véritable répugnance à m'en séparer.

Il passa la chaîne d'or au cou de Claire, qui émit une petite exclamation de surprise.

– *Il est... il est* chaud *!*

– *En effet. C'est étrange, n'est-ce pas ? Comme ce poignard...*

Il ouvrit un second écrin. Sur un lit de velours, l'arme brillait d'un sourd éclat. Son manche d'argent était gravé de signes presque effacés. La jeune femme effleura la lame du doigt, avec précaution.

– *C'est vrai. Je sens la chaleur...*

– *L'un de mes ancêtres a noté toutes sortes d'observations dans un vieux livre... il se peut d'ailleurs qu'ils aient été plusieurs, car toutes les pages ne sont pas de la même écriture. Certains de ces textes semblent très anciens. Je vous le montrerai un jour, si cela vous intéresse. Il y a bien des années, alors que je voyageais de par le monde, j'ai suivi les instructions données dans ce livre et caché le troisième objet dans un lieu secret, car...*

Il sursauta et s'interrompit. Une petite troupe remontait la rue avec force braillements.

– *J'ai cru que... non, ce ne sont que des ivrognes qui sortent du cabaret. Claire, pour l'amour du ciel... allez vous habiller. Prenez dans un sac quelques vêtements de rechange, de l'argent, vos bijoux. Le strict nécessaire. Pierrot, le fils du jardinier, vous attend déjà à la grille. Il vous conduira hors de la ville. Une voiture est prête, les sauf-*

conduits signés. À Dieppe, mon cousin Jacques trouvera un bateau pour vous faire passer la Manche. Vous avez de l'argent. Je vous rejoindrai à Londres dès que j'aurai réglé certaines affaires ici.

Peu après, une silhouette enveloppée d'une mante franchit la barrière qui donnait sur le petit potager, où Claire cultivait aussi des herbes aromatiques et médicinales ; une autre silhouette se détacha d'un buisson et vint à sa rencontre.

« Elle sera bientôt en sûreté, pensa le médecin en refermant la porte de la maison. Dès lors, peu m'importe le sort qui m'est réservé. »

Il retourna dans son bureau et écrivit quelques lettres. Puis il tira à nouveau du tiroir l'écrin contenant la dague et la considéra d'un air pensif. À la lumière de la chandelle, la pierre noire semblait parcourue de lueurs rouges.

– Ouvrez ! C'est le peuple souverain qui vous l'ordonne !

On frappait à la porte, des coups violents, répétés. Terrifié, Jean-Baptiste chercha une issue du regard. Avait-il encore le temps de s'enfuir par le jardin ? Des cris, venant de l'arrière de la maison, lui apprirent que, de ce côté, toute retraite était coupée.

Alors, descendre à la cave, s'y enfermer ? Derrière les tonneaux qui avaient autrefois contenu du vin de Loire, il y avait une cache que son père lui avait montrée quand il était enfant. « Ils » ne le trouveraient pas là.

Ils le trouvèrent bien avant. La porte d'entrée vola en éclats et le jeune médecin fut aussitôt saisi au collet. À quoi bon lutter ? Ils étaient dix, non, vingt, trente... des hommes qu'il avait soignés, dont il avait aidé les enfants à naître, et qui, à présent, fuyaient son regard. On lui lia les mains derrière le dos et on le traîna dans son propre bureau où on le laissa debout, comme un solliciteur. En face de lui, un étrange personnage était assis dans le fauteuil où Jean-Baptiste s'installait pour rédiger sa correspondance et ses ordonnances. Grand, maigre, il avait un visage en lame de couteau et des yeux sombres profondément enfoncés dans leurs orbites. Jean-Baptiste remarqua la canne appuyée contre une console, à côté de lui : la tête de dogue en ivoire qui servait de pommeau semblait le fixer avec férocité.

– Monsieur Bourgeoys..., articula l'homme en détachant chaque syllabe. Bourgeoys, un nom bien

malencontreux par les temps qui courent, un nom de profiteur !

– Mes ancêtres sont originaires de Bourges, dans le Berry, rectifia sèchement le médecin. D'où mon nom. Une longue lignée d'honnêtes artisans.

– Je n'en doute pas. Mais vous, docteur, vous ? N'avez-vous pas le sentiment que vous devez au peuple quelque chose que vous lui avez soigneusement celé ?

Il se pencha vers son prisonnier.

– Comme ceci, par exemple ?

Sur sa paume ouverte, le poignard à manche d'argent reposait comme un bibelot inoffensif.

Jean-Baptiste haussa les épaules.

– Je ne vois pas en quoi cette arme pourrait servir le peuple. C'est un legs. Elle me vient de mon père. Je ne l'ai jamais utilisée, sauf comme coupe-papier...

Son vis-à-vis eut un sourire amusé et se laissa aller à nouveau contre le dossier du fauteuil.

– Allons, ne vous faites pas plus naïf que vous ne l'êtes.

Il tourna la tête vers la fenêtre qui s'ouvrait sur le jardin. Des éclats de voix, des rires, le fracas d'une porte défoncée à coups de hache – le pillage avait commencé.

– Ces hommes, reprit-il d'une voix rêveuse, sont

comme des dogues. Ils m'obéissent au doigt et à l'œil. Si je leur ordonne de vous tuer, ils le feront sur-le-champ. Si j'attends qu'ils soient assez ivres de mauvais cidre et de violence, ils vous dépèceront lentement, vous laissant vivre assez longtemps pour que vous m'imploriez cent fois de vous donner la mort... Mais si je leur demande de fermer les yeux sur votre fuite, ils ne se poseront pas de questions. Vous êtes leur médecin, et quelque chose subsiste encore, dans ces âmes obscures, des anciennes loyautés. Comprenez-vous ?

Jean-Baptiste sentit une sueur glacée mouiller sa chemise, mais il se maîtrisa et réussit à répondre d'une voix à peu près ferme :

– Non.

L'homme fit « tss, tss », comme s'il avait affaire à un gamin entêté, et sa moue indulgente s'accentua.

– Quelle sottise. Et moi qui vous prenais pour un homme intelligent...

Subitement, il se dressa et empoigna le jeune médecin par les revers de son gilet.

– Je veux tout savoir, tu m'entends, TOUT ! Tu vas me dire où tu as caché les deux autres objets... ah, tu trembles, tu as compris, cette fois ! Et le livre aussi, tu me donneras le livre. En échange, je t'accorderai peut-être une mort clémente. Ou bien je te lais-

serai partir, ajouta-t-il, un éclair de ruse dans ses yeux sombres.

D'une secousse, Jean-Baptiste Bourgeoys se dégagea et recula d'un pas. L'homme haletait ; ses lèvres pâles, retroussées, découvraient des dents blanches et aiguës.

« Il est fou. Et il ment. Il ne me laissera jamais partir. »

Il allait être torturé. Jusqu'à quand pourrait-il résister ? Et Claire... quand ils en auraient fini avec lui, ils la poursuivraient. Comme des chiens, oui, des chiens de chasse. Ils la rattraperaient. Imaginer Claire aux mains de ces forcenés lui fut plus insupportable que la perspective de son propre supplice. Il recula encore.

– Vous ne pouvez pas m'échapper. Toutes les issues sont gardées.

Le médecin embrassa du regard la pièce familière : le feu brûlant dans la cheminée, la bergère où Claire s'installait le soir avec un livre ou un ouvrage de broderie ; la bibliothèque vitrée qui renfermait ses plus chers trésors, quelques éditions rares aux reliures patinées. Le grimoire ne s'y trouvait plus : quelle bonne idée il avait eue de le glisser, au dernier moment, dans le bagage de sa femme ! Dans la campagne proche, une alouette chanta. Une pâle lueur glissait au ras des toits ; la journée s'annonçait belle.

Et il fallait dire adieu à tout cela.

Quand il se jeta par la fenêtre, la vitre, en se brisant, l'environna de mille éclats où se refléta, l'espace d'un dixième de seconde, la lumière des chandelles. Deux étages plus bas, les pavés de la cour lui furent miséricordieux : il mourut sur le coup.

5

Quand Adel ouvrit les yeux, elle était assise sous un pommier, un vieil arbre au tronc noueux, tordu, couvert de lichen. Ses branches s'abaissaient vers le sol comme des bras fatigués d'avoir dû porter, année après année, de trop lourds fardeaux. Du manteau de fleurs qui le couvrait, le vent léger faisait voltiger des pétales qui tombaient sur les genoux de la fillette.

Surprise, elle poussa un petit cri. Où était Marinette ? Elle l'avait entendue crier quelque chose, mais elle n'avait pas compris ses paroles. Et l'entrepôt où toutes deux se tenaient quelques instants auparavant ? Quel était cet endroit ? Et surtout, *comment était-elle arrivée là* ?

Lentement, comme si elle se mouvait à l'intérieur

d'un rêve – car c'était un rêve, il n'y avait pas d'autre explication raisonnable –, Adel se mit sur ses pieds. Elle se trouvait dans un verger, petit, clos d'un mur bas constitué d'énormes blocs de pierre entassés les uns contre les autres. Une mousse d'un gris argenté les recouvrait presque entièrement, mais là où la roche était à nu, d'étranges signes étaient gravés : des roues et des croix bizarrement contournées, des lettres aussi, ou du moins ce qu'Adel supposait être des lettres, car elle n'en avait jamais vu de telles. Au-delà du mur s'étendait une vaste plaine déserte, et plus loin se dressaient des montagnes d'un bleu sombre, hautes et sévères, parcourues de gorges profondes où se déversaient des torrents blancs d'écume. Pas une habitation en vue, pas une route, ni même un chemin de terre.

« Quelle drôle de chose, pensa la fillette, ce verger au milieu de nulle part... »

Il y avait là des pommiers et des poiriers, un cerisier dont les fleurs avaient déjà laissé place à une multitude de petites feuilles vertes, plusieurs pruniers. Au centre du clos, un arbre au tronc élancé, à l'écorce lisse et dorée, dominait tous les autres. Il portait déjà des fruits, eux aussi lisses et scintillants, d'une rondeur parfaite. Adel se dressa sur la pointe des pieds et tendit le bras, mais les branches étaient trop hautes. Elles formaient une succession de plates-formes qui s'élevaient presque à perte de vue.

« C'est peut-être aussi bien, se dit-elle. Maman me défendait toujours de manger les jolies baies rouges que nous ramassions lors de nos promenades. Elle disait que c'était du poison. Ces fruits sont merveilleux, pourtant. J'aurais bien aimé y goûter. »

Une sorte d'euphorie la gagnait ; elle se sentait légère, insouciante. Il lui semblait tout naturel de fouler l'herbe drue et élastique, de respirer à pleins poumons l'air vif, chargé de parfums si entêtants qu'elle en avait la tête tournée.

Entre les racines du grand arbre, de hautes fougères se couchaient sous la brise qui venait des montagnes et semblaient inviter au repos ; Adel s'y étendit et contempla rêveusement les branches qui se balançaient au-dessus de sa tête. Au bout d'un moment, elle se mit à chantonner. N'était-ce pas le son d'une harpe qui se répercutait dans la ramée ? L'instrument rendait un son qui lui était familier... Elle avait déjà entendu cette musique... mais où ? Le visage de sa mère lui apparut, entouré d'un halo. Enveloppante, la mélodie l'enserra dans son filet d'argent et l'entraîna : et Adel perdit toute notion du temps.

Une série de chocs sourds la tira de sa torpeur. Elle se releva et repoussa les longues mèches de cheveux qui tombaient en rideau devant son visage. Comme attirés par un aimant invisible, ses doigts cherchèrent le contact de son médaillon.

Très loin, vers le piémont du massif qu'elle avait remarqué un peu plus tôt – une minute ou une heure auparavant, elle n'aurait su le dire –, quelque chose bougeait. Une tache verte qui se déplaçait rapidement vers l'est. Le sol, sous ses pieds, vibrait. Intriguée, Adel se jucha sur le mur bas pour mieux voir. Était-ce une illusion d'optique, ou l'ombre portée d'un nuage sur les hautes herbes ? Non, le ciel restait pur.

Et les nuages ne font pas trembler la terre.

C'était *vivant*.

À mesure que la tache progressait, se changeait en un moutonnement monstrueux de dos et de têtes, Adel sentait son sang se glacer dans ses veines.

Car elle n'avait jamais rien vu de semblable, ni dans la réalité, ni dans ses livres préférés, ceux qui parlaient d'expéditions lointaines et de pays exotiques..

Un troupeau traversait la prairie, un troupeau composé d'animaux gigantesques. Ils ressemblaient vaguement à des éléphants – la nourrice d'Adel, quand elle était toute petite, l'avait emmenée à la ménagerie du Jardin des plantes – mais, par leur taille, évoquaient un paquebot géant ou un immeuble de cinq étages. Leur peau, dépourvue de poils, était vert pâle ; des défenses d'un blanc de neige, droites comme des épées, pointaient sous leurs trompes. À intervalles réguliers, l'animal de tête jetait un barrissement aigu. Ce signal semblait donner à la troupe une impulsion nouvelle.

Et ils venaient droit sur le verger.

Paralysée par la peur, Adel les regardait approcher. De près, ils étaient encore plus terrifiants : leurs petits yeux noirs, profondément enfoncés, avaient la fixité de la pierre. Une vague de puanteur les précédait, une atroce odeur de charogne et d'œufs pourris. La fillette eut un haut-le-cœur qui l'arracha à sa torpeur. Fuir ! Il fallait fuir. Mais où ? Les monstres l'auraient vite rattrapée. Elle courut jusqu'à l'autre bout du clos, se tassa contre le muret. Il n'était pas assez haut pour la protéger. Se cacher derrière un arbre ? Ces horribles bêtes semblaient assez fortes pour déraciner la cathédrale Notre-Dame, se fût-elle trouvée sur leur passage.

En sanglotant, Adel entoura de ses bras le tronc de l'arbre le plus proche. Il y avait sur l'écorce une cicatrice fraîche ; quelqu'un avait arraché une branche fleurie. Mais cette coïncidence, sur le moment, échappa à la fillette.

La terre tremblait de plus en plus fort.

Adel ferma les yeux.

– Mais arrête de crier ! C'est moi, Marinette !

On la secouait. L'un des monstres l'avait saisie avec sa trompe et s'apprêtait à lui rompre les os ! Adel se débattit, le souffle coupé.

– Tais-toi, bon sang, on doit t'entendre depuis Passy... Tu brailles comme un goret qu'on égorge ! C'est moi, je te dis !

C'était bien la voix de la marinière. Adel sentait ses mains sur ses épaules, et sous son corps le froissement de la paille.

Elle était revenue !

Juste à temps.

Elle battit des paupières. Marinette était penchée au-dessus d'elle, et elle semblait très en colère.

– Tu m'as fait une de ces peurs ! Qu'est-ce que c'est que ce tour de passe-passe ? Je te préviens, je ne suis pas un de ces gogos qui vont au théâtre applaudir le numéro de la femme coupée en morceaux...

Adel vit alors que la jeune fille tenait à la main la branche de pommier.

– Je crois que... tu m'as sauvé la vie ! murmura-t-elle.

Elle montra le rameau fleuri.

– Tu as touché la branche, et je suis revenue. J'étais là-bas... dans le verger.

– Où ?

– Je ne sais pas. J'ai cru que c'était un rêve. Mais tout était... tellement réel ! Et tu dis que j'ai disparu... Oh, je n'y comprends plus rien.

À bout d'émotion, elle enfouit son visage dans ses mains et fondit en larmes.

Partagée entre la pitié et l'inquiétude, Marinette la considéra un moment, puis lâcha :

– Bon. Viens avec moi, petite. On va te mettre au chaud et tâcher de démêler toute cette affaire. Et puis, j'ai quelque chose à te montrer.

Une heure plus tard, Adel était installée dans la cabine de la péniche, lavée et revêtue d'habits usagés qui avaient appartenu à Marinette. Le poêle ronflait ; la petite pièce reluisait de propreté. Des napperons de dentelle au crochet couvraient les quelques meubles, des rideaux immaculés voilaient la minuscule fenêtre, et une marmite d'où s'échappait une odeur appétissante mijotait sur le feu.

– Regarde, dit Marinette. C'est dans le journal, ce matin.

Elle pointait du doigt une annonce qui s'étalait sur deux colonnes.

On recherche pour héritage
Mlle Adel Pullman, fille de M. Robert Pullman
et de Mme, née Claire de Maisonneuve.
Une forte récompense est offerte à qui sera
à même de recueillir des renseignements
sur la résidence actuelle de la jeune fille.
Signalement : treize à quatorze ans, cheveux roux,
yeux gris-vert, d'apparence chétive.
A été vue pour la dernière fois
près des entrepôts de Bercy.
Vêtue d'une robe bleu foncé.
Se présenter chez Me Sornois, 24, rue de Passy,
ou écrire au journal qui transmettra.

– Un héritage ? fit Adel, perplexe. Mes parents n'avaient aucune famille.

– Il s'agit peut-être d'un parent éloigné. En tout cas, tu n'as plus à te faire de souci pour ton avenir !

Les yeux fixés sur l'annonce, la fillette secoua la tête.

– Non... L'homme qui me suivait hier n'avait pas d'intentions bienveillantes, au contraire.

– Comment peux-tu en être aussi sûre ?

– Je l'ai senti. Il me voulait du mal.

Elle se mordilla le bout de l'index.

– Pourquoi, tout à coup, se passe-t-il tant de choses bizarres dans ma vie ? Ça a commencé... avec la découverte du médaillon. Oui, maintenant que j'y réfléchis... on dirait que c'est ça qui a tout déclenché.

Marinette tira une chaise et s'installa dessus, à califourchon.

– Attends. Quel médaillon ? De quoi parles-tu ?

– Je l'ai trouvé dans une malle qui avait appartenu à mon père.

Avec une inexplicable répugnance, Adel tira sur la chaîne qu'elle portait au cou.

– Fais voir, dit Marinette en tendant la main vers le bijou.

Adel se recula.

– Non, je... j'ai juré de ne jamais le quitter.

C'était un mensonge, et elle le savait. Marinette dut le sentir, car elle eut un haut-le-corps, un peu comme si la fillette l'avait giflée.

– Oh ! Excuse-moi, répliqua-t-elle avec raideur.

Adel se sentit rougir.

– Non, pardonne-moi, toi, lança-t-elle spontanément. Je ne sais pas ce qui me prend. Tout est si embrouillé...

Marinette vit les joues écarlates, les lèvres qui tremblaient – Adel, même si elle n'en avait pas conscience, était au bord des larmes –, les mains crispées, et sourit avec indulgence.

– T'es une drôle de fille, toi.

Elle se pencha par-dessus la table.

– Attends... Il y a une erreur, dans cette annonce. Tu n'as pas les yeux verts !

– Non, ils sont marron, enfin noisette. Mais ça ne m'étonne pas : les gens de l'orphelinat ne s'intéressaient pas assez à nous pour connaître la couleur de nos yeux !

Marinette se redressa.

– J'ai une idée.

– Laquelle ?

– Tu vas voir.

L'instant d'après, elle escaladait l'échelle raide qui menait sur le pont – une fois de plus Adel se retrouvait seule avec les questions qui la taraudaient. Elle éleva le médaillon devant son visage : la pierre n'était pas vraiment noire, comme elle l'avait cru tout d'abord. Des filaments rougeâtres en recouvraient la surface, comme le dessin d'un delta ou un réseau de fines brindilles dénudées. La fillette toucha l'ovale sombre ; les filaments réagirent aussitôt. Leur couleur devint plus claire, plus intense. Effrayée, elle cacha à nouveau le bijou dans le col de sa robe. Son intuition ne l'avait pas trompée : le médaillon possédait un *pouvoir* – mais lequel ? Était-ce cela qui l'avait tout à coup aspirée hors du monde qu'elle connaissait, pour la mener dans une contrée habitée par des monstres ?

Devant elle, sur la table, était posé son baluchon. Le châle usé qui enveloppait ses affaires était défait : un coin du carnet de son père en dépassait. Mais oui, bien sûr ! La solution se trouvait là, depuis le début ! Robert Pullman n'avait pas dissimulé aussi soigneusement le médaillon sans raison ; d'une manière ou d'une autre, celui-ci était lié à ses recherches, à ce dernier voyage dont ni lui ni sa femme n'étaient revenus... Adel n'avait jamais lu le carnet de bout en bout : il était bourré de notes souvent indéchiffrables et de nombreuses pages avaient été raturées. Pour elle, c'était une partie de l'âme de son père, un objet qu'il avait touché, un compagnon fidèle et patient. Comme le vieux chapeau de sa mère. Elle avait souvent pleuré sur les pages jaunies, sans se douter que leur lecture l'aurait peut-être éclairée sur la disparition de ses parents.

Eh bien, il était temps d'y remédier. Elle avait besoin de *comprendre* ce qui lui arrivait.

Adel prit le carnet. Elle allait l'ouvrir à la première page quand elle entendit des pas sur le pont. Marinette revenait, et elle n'était pas seule. Vivement, elle rabattit un pan du châle sur la précieuse relique et se poussa un peu sur la banquette.

Au-dessus de sa tête, la trappe s'ouvrit et quatre jambes dégringolèrent l'échelle.

– Voilà ! claironna Marinette tout essoufflée. J'ai trouvé l'appât idéal !

Non sans une visible fierté, elle tapota l'épaule de la jeune fille qui venait de prendre pied sur le plancher ciré. Adel dévisagea cette dernière avec curiosité : de deux ou trois ans son aînée, elle était de petite taille, les poignets fins, le visage étroit et mobile. Ses cheveux auburn étaient en partie cachés par un bonnet de lingerie, et ses grands yeux verts riaient.

– La ressemblance n'est pas parfaite, poursuivait la marinière, mais Alphonsine correspond à la description de l'annonce. Ce notaire ne t'a jamais vue : il gobera l'asticot comme un poisson-chat affamé.

– Mais c'est peut-être dangereux ! s'insurgea Adel.

– Ne t'en fais pas : je vais trouver deux ou trois

gars solides pour l'accompagner. Si elle tarde à ressortir de l'étude de ce bonhomme, il y aura du grabuge.

– Alors, je pourrais aussi bien y aller moi-même, objecta la fillette avec bon sens.

– Mmm... Je me fie toujours à mon intuition, vois-tu. Et mon intuition me dit ceci : si vraiment ce gars-là n'est pas net, il vaut mieux qu'il ne puisse pas te reconnaître. Alphonsine, elle, s'en moque...

– Notre péniche repart demain, ajouta la jeune fille. Ils n'iront pas me chercher en Flandres. Non, ne me remercie pas. Je ne me suis jamais autant amusée : enfin une aventure, une vraie ! Une héritière disparue, des inconnus lancés à sa recherche... on dirait les feuilletons que lit ma mère dans le journal !

– Voilà quel est le plan, intervint Marinette. On va saper Alphonsine en demoiselle, et elle se présentera cet après-midi, avec l'annonce. Toi, tu ne bouges pas d'ici. Mes parents sont au courant, ils ont à faire dehors et ne te dérangeront pas ; tu peux roupiller toute la journée. Ça te va ?

Émue, Adel se contenta de hocher vigoureusement la tête. Elle n'avait eu que trop peu d'occasions, dans sa courte vie, de faire confiance aux autres. La générosité de la jeune marinière et de ses parents était comme un baume sur tous les chagrins et les humiliations endurés en secret. Volontiers, elle aurait supplié les propriétaires de la *Marinette* de la prendre à leur service comme bonne à tout faire, en échange du logement et de la nourriture. La sécurité d'un toit, fût-il flottant, la chaleur d'une vraie famille – là se bornaient, pour l'heure, ses rêves.

Mais l'Aventure, une fois encore, en avait décidé autrement.

Environs de Zürich, décembre 1849

Le maître du château d'Aarwald posa son verre sur une table basse, près des carafes à liqueur en cristal taillé, et consulta sa montre de gousset.

– C'est l'heure, dit-il.

Au-dehors, la neige tombait à gros flocons, mais les rideaux de damas sombre étaient tirés et un bon feu flambait dans la cheminée. À côté de celle-ci, une canne était appuyée contre le mur – une canne dont le pommeau poli par l'usage représentait une tête de dogue. L'homme à qui elle appartenait quitta le grand fauteuil à oreillettes où il se prélassait depuis le dîner et suivit le châtelain en claudiquant. Quand il passa devant l'âtre, sa haute silhouette masqua l'éclat des flammes et une ombre démesurée s'allongea sur les bibliothèques où luisait l'or des reliures.

À la porte, un valet en livrée attendait.

– Éclaire-nous, ordonna le maître.

Obéissant, le garçon – à peine sorti de l'adolescence – prit un chandelier sur une console et, traversant le hall obscur, se dirigea vers une petite porte ménagée sous l'escalier d'honneur. Elle était si bien dissimulée dans les boiseries qu'il fallait connaître son emplacement pour la repérer. Le maître appuya sur un ressort dissimulé sous un relief du bois, et le battant s'ouvrit sans un bruit, découvrant les premières marches d'un escalier qui s'enfonçait dans les ténèbres ; une bouffée d'air humide, chargé de senteurs fétides, frappa les trois hommes au visage.

– Dois-je vous accompagner, monsieur le baron ? interrogea le valet.

Sa voix tremblait. L'homme à la canne émit un bref ricanement.

– Tu as peur, Ardian ?

– Mais non, intervint le châtelain avec douceur. Ardian est un fidèle et dévoué serviteur. Il me suivrait jusqu'en enfer... n'est-ce pas, mon brave ?

Tout en parlant, il appuyait l'une de ses mains contre le cœur du garçon, qui pâlit et chancela. Ses yeux perdirent toute expression, et les traits de son visage se relâchèrent.

– Oui, Maître, fit-il d'une voix monocorde.

Comme un automate, il se détourna et s'engagea dans l'escalier, levant haut le chandelier. À sa suite, le baron et son hôte posèrent le pied sur les marches rendues glissantes par l'humidité. Elles se prolongeaient par un étroit passage aux murs suintants ; au bout de celui-ci, une arche basse défendue par une grille aux barreaux épais.

– Ouvre, dit le maître d'Aarwald.

Il tendit au valet une énorme clef. Le garçon fit jouer la serrure, puis s'inclina. Une lueur de conscience réapparut dans ses yeux.

– Puis-je me retirer, seigneur ? souffla-t-il.

Un sourire cruel passa sur les lèvres du châtelain.

– Tu sais donc qu'au-delà de cette grille commence mon véritable domaine... et que nul n'en est jamais revenu pour raconter ce qu'il avait vu ! Mais ne t'effraie pas, mon ami ; tu ne verras rien...

Reculant d'un pas, il fit un signe à son hôte qui abattit le pommeau de sa canne sur la nuque du jeune homme. Celui-ci s'écroula sans une plainte.

– Nous allons devoir le porter, grommela le baron. Maudit poltron ! Aidez-moi.

Ils traînèrent le corps inerte sur le dallage, puis l'étendirent sur une sorte d'autel de pierre.

– Refermez la grille pendant que je lui ôte ses vêtements, ordonna le châtelain à son acolyte.

La pièce était de forme ronde ; sur ses murs taillés dans le roc étaient gravés des signes serpentins. Une bibliothèque abritait des ouvrages traitant de divination et de magie noire. On y trouvait aussi bien les œuvres de Paracelse, de Platon et de Nicolas Flamel que le maléfique Necronomicon *d'Abdul Al-Hazred. Après avoir déshabillé son valet et avoir assujetti à ses poignets les chaînes reliées en quatre points à la table de pierre, le maître revêtit une simarre de satin noir assortie d'une capuche qui recouvrait entièrement son visage, à l'exception des yeux. Le boiteux, de son côté, passait une robe à peu près semblable.*

– Les trois cercles, chuchota le baron.

Avec une lenteur calculée, il sortit de sa manche un poignard à manche d'argent et, sur le sol recouvert d'une fine couche de sable noir, traça trois cercles concentriques, distants de la largeur d'un pied. L'autel où gisait le jeune homme inconscient se trouvait exactement au centre du plus petit d'entre eux. Puis le châtelain posa l'arme sur le torse dénudé d'Ardian et se recula. Sur un signe de lui, l'homme à la canne lui fit face, se tenant à égale distance des cercles magiques. Tous deux étendirent les mains vers le poignard dont la lame de pierre noire, sillonnée de filaments rougeâtres, commençait à pulser d'un éclat intermittent.

– Au nom de Satan, de Belzébuth et d'Adramelech, au nom d'Agaliarept, qui révèle ce qui est caché, psalmodièrent-ils à l'unisson, nous te conjurons, Amaymom, roi du Septentrion, de paraître en ce lieu. Toi qui favorises la réussite de ceux qui s'adonnent au culte du Malin, viens, nourris-toi de nos offrandes, dévore le cœur palpitant de l'être vierge placé pour toi dans les chaînes. En échange, tu nous apprendras ce que nous voulons savoir !

Tout d'abord, il ne se passa rien ; puis le froid glacial de la cave sembla s'intensifier et un brouillard se forma au-dessus de la table de pierre. Ses volutes d'un vert vénéneux affectèrent la forme d'un énorme serpent dont les yeux d'or se tournèrent vers le châtelain. Une voix sifflante s'éleva :

– Sais-tu, insensé, quel prix tu dois payer pour interroger les Enfers ?

– Je le sais, répondit le châtelain d'une voix égale. Ce garçon est à toi.

Le corps du serpent ondula.

– Soit, je l'accepte. Que veux-tu ?

– Vois ce poignard, dit le baron. Vois cette lame de pierre noire ! Nous voulons rassembler ce qui a été séparé : il existe un médaillon, je le sais, ainsi qu'un troisième objet dont j'ignore la nature, taillés dans la même pierre aux fabuleux pouvoirs. Un pauvre fou les dissimula jadis, croyant les dérober à tout jamais à mes légitimes ambitions. Car seul le possesseur de ces trois objets pourra ouvrir la porte entre les mondes et retrouver le chemin du continent perdu ! L'Atlantide ! Je veux être celui-là ! Depuis des siècles, je me réincarne à chaque génération dans un homme de ma lignée ; depuis des siècles, je ne connais ni trêve ni repos. Dis-moi où se trouvent ces deux autres trésors !

Un instant, le reptile démoniaque sembla se dissoudre ; ses yeux d'or clignotèrent, leur éclat faiblit.

– Je peux te dire où se trouve le médaillon ; le troisième objet est hors de portée de ma clairvoyance. Pour le trouver, tu devras suivre...

Le démon hésita.

– Je vois une jeune fille, presque une enfant, aux cheveux roux. Elle a de grands pouvoirs, même si elle l'ignore. C'est elle qu'il te faudra rejoindre, et sacrifier.

– Qui est-elle ? Où vit-elle ? interrogea le châtelain avec impatience.

La gueule du serpent s'ouvrit toute grande : il riait.

– Elle ne naîtra que dans quelques mois. Ah, tu n'es pas au bout de ta patience, baron d'Aarwald !

Subitement, il s'éleva, enfla, hideux et menaçant.

– J'ai assez perdu de temps avec vous, larves humaines, encore que le temps ne me soit pas compté. Le médaillon est en la possession d'un jeune savant britannique nommé Robert Pullman. Il habite Londres mais caresse le projet de venir s'établir à Paris...

Le démon, rejetant la tête en arrière, émit un sifflement si perçant que le jeune Ardian, tiré de son inconscience, gémit et remua dans ses chaînes. Il ouvrit les yeux et hurla.

Le serpent plongeait vers son cœur.

Son corps se tendit comme un arc, puis retomba ; on entendit un horrible bruit de succion, et le serpent disparut. Le brouillard dont il était formé s'évapora lentement.

Sur l'autel ne reposait plus qu'un cadavre exsangue, un trou béant dans la poitrine...

6

Restée seule, Adel se plongea dans la lecture du carnet. Toutes les pages, sauf les dernières, étaient couvertes d'une petite écriture serrée, surchargées de ratures et de notes en marge, ce qui en rendait la lecture malaisée. Des flèches partaient de nombreux paragraphes vers un ajout griffonné et des signes incompréhensibles ponctuaient certains passages. Très vite, la fillette s'aperçut que sa tâche serait difficile : Robert Pullman avait utilisé, semblait-il, une sorte de code pour crypter des parties entières de son texte. Ou bien s'agissait-il d'une langue étrangère ? La forme des lettres ne lui était pas inconnue. Elle fouilla sa mémoire, revit le bureau de son père, le plateau d'acajou massif couvert de livres et de papiers en désordre... Oui. Ce soir-là, elle avait fait irruption dans la bibliothèque pour réclamer une histoire – l'heure d'aller au lit était passée depuis longtemps, mais une anxiété inhabituelle la tenait éveillée : son père partait le lendemain en expédition et, pour une fois, sa femme l'accompagnait. Adel, par ailleurs ravie de rester avec « nounou Léontine », la brave Normande qui s'occupait d'elle depuis qu'elle avait quitté les langes et lui passait tous ses caprices, voulait que Robert lui lise une dernière fois son conte préféré : « La Belle et la Bête », de Mme Leprince de Beaumont. Il se passerait des semaines, des mois peut-être, avant que ses parents soient de retour : demain, la bibliothèque, comme le grand salon, serait fermée, les meubles recouverts de housses, y compris le vaste fauteuil de cuir où la petite fille aimait se blottir, un album d'images sur les genoux. Pieds nus, trébuchant un peu dans sa longue chemise de nuit blanche, elle était allée tout droit jusqu'à « son » rayonnage, en avait retiré le recueil de contes – si lourd qu'il lui fallait le tenir à deux mains – et l'avait tendu à son père, qui classait des papiers avant de les ranger dans des pochettes de toile cirée qu'il glissait une à une dans un porte-documents.

— La Belle, s'il te plaît, papa...

Le visage fatigué de Robert Pullman s'était éclairé d'un sourire ; il avait repoussé les feuillets épars pour attirer sa fille contre lui. Comme il tournait les pages magnifiquement illustrées du volume, le regard de l'enfant s'était attardé sur une série de croquis sous lesquels quelques lignes étaient tracées. Adel savait lire, aussi s'était-elle étonnée de ne pas pouvoir déchiffrer ces drôles de lettres... Mais la magie familière de l'histoire de Belle avait tout balayé et, un quart d'heure plus tard, elle n'y pensait plus.

La dernière histoire... c'était la dernière, mais elle l'ignorait alors. Après... Elle se souvenait de sa nourrice en pleurs, rassemblant ses paquets avant de monter dans un fiacre... Des hommes en noir parcouraient la maison en tous sens, un carnet à la main... Personne ne répondait à ses questions... On l'avait obligée à mettre une vilaine robe noire, elle aussi, et on l'avait reléguée dans sa chambre. Puis des gens étaient venus et l'avaient emmenée dans l'horrible maison de la rue Pissevieille. Nuit après nuit, elle avait pleuré, seule dans son lit étroit et dur, appelant son papa et sa maman. Ils n'allaient pas la laisser là ! Ils allaient venir la chercher...

Mais personne n'était venu.

Une larme tomba sur le cahier, délayant l'encre violette qui s'étala. Adel se redressa et tenta de se concentrer à nouveau sur sa lecture. Inutile de ressasser de sombres souvenirs ; ils ne lui donneraient pas la clef du mystère. Méthodiquement, elle parcourut les rares notes rédigées en français, s'efforçant de leur trouver un sens.

« Diodore de Sicile et Plutarque se sont trompés, Saturnia ne peut exister... pourtant l'hypothèse d'une île située au large de la Bretagne est séduisante. Et Pline l'Ancien, ainsi qu'Élien, évoquent des monstres rejetés par la mer sur les rivages de la Gaule. »

Suivaient trois pages de chiffres et de schémas. Plus loin, un paragraphe avait été souligné.

« Tournefort adhère à la thèse de Gamara. Buffon aussi. J'ai lu le livre de Bory de Saint-Vincent, il ne m'a pas convaincu. Il veut faire des recherches dans les archipels de l'Atlantique ; vestiges d'un continent englouti ? Pourquoi pas ? Mais quelque chose me dit que la solution n'est pas là... Quant à Latreille, il suit Bartoli et interprète le récit de Platon comme une transposition des guerres médiques. L'Atlantide serait donc située en mer Égée ? »

Adel releva la tête. L'Atlantide ! Ce nom, elle était sûre de ne jamais l'avoir vu sur l'atlas, l'un des rares ouvrages de la bibliothèque de l'orphelinat qu'elle ait eu le droit de consulter. Elle tourna une page. Quelques lignes avaient été griffonnées dans la marge.

« V. se moque de ce qu'il appelle mon "engouement" pour Rudbeck. Selon lui, c'était un excentrique qui ne voulait que mettre à mal la tradition, ou un fou, comme ceux qui prétendent entrer en communication médiumnique avec les Atlantes. Évidemment, je ne peux pas lui révéler que je dispose d'un document d'une importance capitale... Un document qui, ajouté aux écrits de Rudbeck, pourrait me donner la primeur d'une découverte qui révolutionnera la science, et peut-être le monde tel que nous le connaissons. Le médaillon est la clef de l'énigme, j'en suis convaincu. Avant tout, je dois le cacher, car j'ai eu l'impression, ces dernières semaines, d'être suivi. Mon bureau a été fouillé... Il me faudra être prudent. Personne ne doit le trouver... Je compte m'arrêter à Beauvais où le deuxième objet doit encore se trouver. Si j'en crois, du moins, la lettre du docteur Bourgeoys, remise par sa veuve à mon grand-père alors qu'elle fuyait la tourmente révolutionnaire... »

La suite du texte était rédigée en latin.

Quand la nuit fut tout à fait tombée, Adel commença à s'inquiéter. Ni Alphonsine ni Marinette n'étaient revenues, et les parents de cette dernière ne s'étaient toujours pas montrés. De temps à autre, elle entendait des pas sur le pont ; un objet lourd raclait les planches, une voix coléreuse lançait un avertissement sonore. En collant son nez au hublot, la fillette discernait, sur l'autre rive, de faibles lueurs. D'autres péniches devaient être amarrées là, mollement balancées sur le fleuve. Pour se distraire, elle essaya de les compter, alimenta plusieurs fois le poêle, ajouta une louchée d'eau dans la marmite dont le contenu commençait à attacher. Elle allait se décider à gravir l'échelle – après tout, dans l'obscurité, qui pourrait la reconnaître ? – quand une bruyante cavalcade résonna au-dessus de sa tête.

– Quelle histoire ! Non mais quelle histoire !

Marinette, essoufflée, hilare, semblait décidée à répéter ces mots jusqu'à la fin des temps. Elle ôta ses godillots et tendit ses pieds vers les flammes avec un soupir de bien-être. Affalée sur le banc à ses côtés, Alphonsine hochait la tête avec vigueur. Sa belle robe gansée de velours était déchirée au col, son chignon croulait, ses yeux brillaient d'excitation. Trois grands gars, restés debout, se décochaient mutuellement des bourrades à assommer un bœuf et riaient à pleines dents.

– Vous vous êtes bien amusés, on dirait, remarqua Adel avec rancœur.

Marinette reprit son sérieux.

– Ça, on peut le dire. C'est pour toi, pauvrette, que la situation n'a rien de drôle. Ce type, ce maître Machin, est un aigrefin. Parole, je ne lui confierais pas ma petite sœur !

– J'ai bien joué mon rôle, se vanta Alphonsine. À peine j'avais mis le pied dans le bureau – un beau bureau avec des tapis et tout, et des rideaux à franges –, j'ai fait mine de tourner de l'œil. « Non, je vous en prie... Un peu d'air frais me fera du bien... si vous aviez la bonté, messieurs... », minauda-t-elle, une main sur le front. Alors l'autre bonhomme, le grand...

– Attends, la coupa Adel. Quel autre bonhomme ?

– Un brun, avec une tête à faire peur. En plus, il boitait.

– C'est lui, murmura la fillette. L'homme qui m'a suivie jusqu'ici...

– ... a ouvert la fenêtre, poursuivit Alphonsine avec satisfaction. Le notaire m'a fait asseoir dans un beau fauteuil, en me tapotant les mains, et il a commencé à me débiter son petit couplet. Qu'il comprenait mon émotion, mais que désormais je n'étais plus seule au monde, car il me servirait de guide, de père, et patati et patata. Pour entrer « en possession de ma fortune » – c'est ce qu'il a dit –, une simple formalité suffisait.

— Laquelle ? s'enquit Adel.

— Trois fois rien, qu'il prétendait. Je devais juste prouver mon identité. « Mais je n'ai pas de papiers, j'ai répondu en jouant les idiotes. Ils sont tous restés à l'orphelinat. – Oh, ma chère petite, je le sais bien. Mais vos parents ne vous ont-ils pas laissé... un souvenir ? Un objet leur ayant appartenu, et qui pourrait être reconnu avec certitude ? Un bijou de famille, peut-être ? » Il est retourné derrière sa table, et là, il a fait mine de consulter une liste, mais je voyais bien qu'il ne lisait pas, parce qu'il me surveillait du coin de l'œil. Et puis il a dit d'une voix sucrée : « Votre tante a racheté tous les bijoux vendus aux enchères pour payer les dettes de votre père après sa... malheureuse disparition. Or elle a constaté qu'il en manquait un : un médaillon, monté sur or, auquel votre pauvre chère maman tenait beaucoup... Je vois que vous portez une chaîne... Me permettez-vous ? » Et voilà cet arsouille qui glisse ses gros doigts dans mon décolleté ! Je me suis levée et j'ai hurlé comme un goret qu'on égorge. Il a perdu toutes ses belles manières. « Tenez-la », qu'il a aboyé sur son complice. « Qu'on en finisse ! Et, bon Dieu, empêchez-la de crier ! » Il a déchiré ma robe, pendant que l'autre me plaquait une main sur la bouche. Mais quand il a vu ça – la jeune fille avait tiré de son col une chaîne au bout de laquelle se balançait une médaille de la Vierge – il est devenu tout pâle. « Sale petite gueuse, qu'il a sifflé. Dis-nous où est le médaillon, sinon mon ami qui est là va se faire une joie de t'étrangler... très lentement. »

– À ce moment-là, continua Marinette, les garçons et moi, on a foncé. On était en planque dans le jardin, sous la fenêtre ouverte. Ils ont rien vu venir, les gonzes. Jacquot a assommé le bancal avec une pendule...

– En bronze, précisa le garçon. J'aime les belles choses, moi.

– ... Colin et Bébert ont ceinturé l'autre.

– On lui a enfoncé son mouchoir dans la bouche pour éviter tout tapage, commenta le dénommé Colin d'un air raisonnable. Et on l'a ficelé à son beau fauteuil, genre saucisson. Oh ! on ne lui a pas fait de mal. On s'est juste payés pour le dérangement et la robe d'Alphonsine.

Il fit sauter dans sa main une bourse bien garnie et la jeta sur la table.

– Vingt francs pour une robe neuve, vingt francs pour nous, le reste pour toi, princesse. T'en auras besoin.

En manière de salut, il porta un doigt à sa casquette, puis tourna les talons, flanqué de ses acolytes. Alphonsine rassembla les plis de sa jupe et embrassa Adel sur les deux joues.

– Me remercie pas. Moi, jouer les héroïnes de roman, je referais ça tous les jours ! J'en aurai des choses à raconter, à mon promis, quand je serai de retour en Flandres !

Se ravisant, elle ajouta avec une moue mutine :

– En fait, il vaudrait peut-être mieux que je ne lui raconte pas tout...

7

– Maintenant, dit Marinette, montre-moi ce médaillon.

Elle avait repris son sérieux et posé ses coudes sur la table, parmi les pièces d'or éparpillées.

– Pour que des rupins comme ces deux types cavalent après, il doit valoir cher. Qu'est-ce qu'il a de si spécial ?

Adel, pensive, scruta l'honnête visage. Si elle ne faisait pas confiance à Marinette, se dit-elle, elle ne ferait jamais confiance à personne. Avec un petit soupir, elle détacha la chaîne de son cou et posa le bijou devant elle. Un frisson lui parcourut l'échine : elle s'était si bien habituée au contact tiède de la pierre contre sa peau qu'elle se sentait soudain nue et vulnérable.

– Je ne sais pas encore, répondit-elle lentement. Le mieux serait peut-être que tu lises les notes de mon père.

– Eh bien, souffla la jeune marinière en reposant le carnet une bonne demi-heure plus tard, tu parles d'une embrouille !

Elle se carra sur le banc et leva un doigt.

– Récapitulons : tu trouves un médaillon dans le couvercle de la malle de ton père. Bien enveloppé, bien planqué. Premier point. Ensuite un homme te suit jusqu'ici. Le même homme, ou son compère, te fait rechercher par voie d'annonce dans tout Paris. Or, ce qui l'intéresse, ce n'est pas toi ; c'est le médaillon. Deuxième point. D'après le carnet de ton père, ce truc est important, mais pourquoi, mystère. Troisième point.

– Je crois... qu'il a des pouvoirs, chuchota Adel. Ces visions, ces rêves que je fais...

– Pas des rêves, corrigea Marinette. Tu avais bel et bien disparu ! J'en suis encore toute retournée !

– C'était peut-être une hallucination, suggéra la fillette.

– Mon œil ! Et ta branche de pommier, alors ? Pour une hallucination, c'est du solide ! Ah, si ton cher papa n'avait pas écrit la moitié de son cahier en charabia...

– Ce n'est pas du charabia, rétorqua Adel indignée, c'est du latin !

Elle sursauta ; la jeune marinière venait de frapper la table du plat de la main.

– Du latin ! Mais pourquoi ne l'as-tu pas dit plus tôt, bécasse !

Et, se levant d'un bond, elle escalada l'échelle et sortit par la trappe de pont, qui se referma avec un bruit sourd. La tête bourdonnante, Adel s'appuya à la cloison de bois. Toutes ces allées et venues... Elle avait l'impression d'assister à une pièce de théâtre. Sauf que tout se passait hors de sa vue. Elle seule, impuissante, devait rester enfermée, bercée sur le fleuve comme un bébé malade, tandis qu'au-dehors se déroulaient des événements qu'elle ne comprenait pas et dont elle ne pouvait diriger le cours.

Cette fois, Marinette ne tarda pas à revenir : un homme, à sa suite, entra dans la cabine. Adel le considéra avec curiosité. Petit et maigre, il disparaissait littéralement dans une redingote d'un noir verdi, si usée que le tissu des manches brillait par places. Un lorgnon chevauchait son nez proéminent, hardiment busqué : c'était d'ailleurs la seule note hardie dans une physionomie de gnome aimable, agitée de tics nerveux, et éclairée par deux yeux bleus candides.

– Permettez-moi, mademoiselle, de me présenter, fit-il en esquissant une courbette. Hieronymus Lacassin, professeur de latin, de grec et de rhétorique. (Il se redressa.) J'ai d'excellentes références : la marquise de Castelbrun m'a fait l'honneur de me confier l'éducation de ses deux filles, et l'Académie de Bruay-en-Artois a récemment couronné ma dernière élégie : *À une dryade*.

– Il n'a pas le sou, coupa Marinette avec une brusque franchise. Quant à la marquise de Cassez-moi les pieds, ne racontez pas d'histoires, Hieronymus : ça fait longtemps qu'elle vous a planté là !

Le petit homme rougit jusqu'aux oreilles et tira de sa poche un immense mouchoir dans les plis duquel il dissimula son embarras. Après s'être mouché avec un bruit de trompette, il se tourna à nouveau vers Adel.

– On m'a dit que vous auriez besoin de mes services pour traduire certains papiers de famille.

– C'est exact, répondit la fillette. Mais je dois pouvoir, euh... compter sur votre...

– Ma discrétion vous est acquise, si c'est cela que vous voulez dire, souffla-t-il en ployant l'échine derechef. Commençons, si vous le voulez bien.

L'aube pointait. Hieronymus Lacassin ôta son lorgnon et frotta ses yeux rougis. Depuis des heures, il lisait les notes de Robert Pullman, marmottant d'abord les paroles latines avant de les traduire.

– Le carnet s'arrête là, fit-il d'un ton las. Ce savant, Rudbeck, était persuadé que l'Atlantide se trouvait en Suède, et...

– Attendez, l'interrompit Marinette. Qu'est-ce que c'est que cette Atlantide ? Jamais entendu parler. Et pourtant, j'ai vadrouillé, Dieu sait où, depuis que je sais marcher, et même avant !

– Un continent englouti, répondit le professeur. On en trouve trace pour la première fois dans l'œuvre de Platon...

– C'est qui, celui-là ? interrogea la jeune marinière.

– Un philosophe grec. Ne m'interrompez pas sans cesse, jeune personne ! Il vivait il y a bien longtemps, au IVe siècle avant Jésus-Christ, et écrivait des dialogues dans lesquels il consignait fidèlement les propos de son maître, Socrate. Dans deux de ces dialogues, le *Timée* et le *Critias*, il relate une guerre qui aurait, dans un lointain passé, opposé Athènes au royaume des Atlantes. Fondée par Poséidon, l'Atlantide était gouvernée par dix rois, fils du dieu de la mer et d'une mortelle, Clito, si je me souviens bien. Platon donne toutes sortes de détails sur la vie des Atlantes : le plan de leur capitale, Atlantis, et le nom d'un métal mystérieux, aussi précieux que l'or, qu'ils possédaient en abondance, l'orichalque. Une source chaude et une source froide arrosaient l'île, qui était aussi grande que l'Asie et la Libye réunies. Arbres et plantes y poussaient en abondance, et toutes sortes d'animaux pouvaient y trouver leur subsistance. Il y avait en particulier un grand nombre d'éléphants ! C'était merveille que de contempler les temples, les palais, les ports où des vaisseaux effilés jetaient l'ancre, les jardins, les canaux et les statues d'or... Mais, forts de leur armée invincible, de leurs remparts infranchissables et de leurs richesses fabuleuses, les Atlantes cédèrent à l'orgueil et leur arrogance précipita leur chute : non seulement ils furent vaincus par les soldats d'Athènes, mais, à la suite d'un raz de marée d'une force inouïe, le royaume merveilleux disparut dans les profondeurs de l'océan.

Adel considéra le petit homme avec un respect nouveau. Comment une telle somme de connaissances pouvait-elle tenir dans ce crâne en forme d'œuf ?

– Depuis, continuait le poète, les hommes n'ont jamais cessé de chercher l'Atlantide. Ils ont rêvé de sa perfection et de sa puissance, compati avec son destin effroyable, nourri l'espoir de retrouver des secrets qui les rendraient semblables à des dieux. On a avancé les choses les plus folles : que l'Atlantide ressurgirait un jour des flots, par exemple. On l'a cherchée partout, au large des colonnes d'Hercule et en Méditerranée occidentale, aux Açores, en Afrique, en Perse...

– Et mon père l'a cherchée vers le nord, dit lentement Adel.

– Selon les indications de Rudbeck, oui. Mais apparemment, il disposait d'un autre document, beaucoup plus ancien et aussi plus précis.

– Quel document ?

– Un manuscrit transmis par son père, qui le tenait lui-même du sien. Il en a recopié des passages entiers.

– Et que dit ce manuscrit ?

– Voyons...

Hieronymus feuilleta le carnet, puis posa son doigt sur une page.

– *Là où la mer occidentale semble ne pas avoir de fin se trouve un profond gouffre marin que l'on nomme communément Havel des See, ou nombril de la mer, et où l'eau, deux fois par jour, semble monter et descendre. Quand le serpent se dressera, que ton bras ne tremble pas ! Alors s'ouvriront les portes d'Atlantis, la cité parfaite : tu verras l'orichalque briller d'un éclat fauve au fronton des temples, et tu connaîtras enfin le Secret.*

– Et où se trouve ce... nombril de la mer ?

– Sur la côte norvégienne. Non loin de la ville de Bodø.

– C'est donc là..., commença Adel.

Elle se mordit la lèvre.

– Il faut que j'aille voir par moi-même, conclut-elle.

– T'es folle, s'insurgea Marinette. Tu vas te faire dévorer par les ours !

– Sornettes ! Je suis trop maigre pour être mangée. Tu ne comprends pas ? Personne ne savait où mes parents se rendaient *exactement*. Ils ont dormi dans une auberge et ils sont partis avec un pêcheur. On ne les a jamais revus. Peut-être sont-ils encore vivants, quelque part !

– Au bout de tout ce temps, ça m'étonnerait, lui assena la jeune marinière. Te fâche pas : je ne te dis pas ça pour te faire de la peine. Mais j'ai peur que tu te fasses des idées. Et après, ce sera encore pire.

– Au moins, je *saurai*, s'obstina la fillette. Si je suis les indications du carnet, je remonterai la piste. On retrouvera leurs corps.

– Veuillez m'excuser..., risqua le professeur Lacassin. Il y a bien eu une enquête ? Ne croyez-vous pas que la police a lu le manuscrit de votre père et a donc diligenté...

– N'importe quoi, lança Marinette. Depuis quand les flics causent latin ?

– Un point pour toi, approuva Adel. De toute façon, vous pouvez dire ce que vous voulez, je ne changerai pas d'avis. Depuis cinq ans je suis enfermée comme un rat dans une cage... Et depuis toujours on me dit ce que je dois faire, quoi manger et à quelle heure aller me coucher ! Mais c'est fini !

Hieronymus et Marinette échangèrent un coup d'œil. La jeune fille poussa un soupir résigné : derrière ses lunettes, les yeux du frêle précepteur brillaient d'excitation.

– Alors, céda-t-elle, c'est dit. On va t'aider, la môme.

LIVRE SECOND

LES PORTES DU MAELSTRÖM

1

Adel marchait sur un chemin forestier. Comment était-elle arrivée là ? Elle n'en gardait aucun souvenir. Depuis plusieurs jours, elle dormait mal, se réveillait trempée de sueur, la bouche sèche, les tempes serrées par la migraine. Dans les rêves qui la hantaient ressurgissaient les fantômes de son passé : ses parents, qui la fixaient d'un regard douloureux et s'effaçaient dès qu'elle s'approchait.

– Non ! criait-elle. Revenez ! Ne me laissez pas !

Et les larmes débordaient de ses yeux, coulaient sur son visage, glissaient dans son cou... tombant une à une sur la pierre noire qui, contre sa peau, semblait palpiter d'une vie propre.

Figés dans une immobilité surnaturelle, les arbres

tendaient vers elle leurs ramilles couvertes de mousse. Le ciel, d'une étrange couleur violette, se reflétait dans le ruisseau qui coulait le long du sentier. Qui *coulait* ? Non. Comme prise par une glace invisible, chaque vaguelette dressait à la surface de l'eau une crête transparente ; les plantes aquatiques se courbaient, prisonnières, les feuilles mortes ne dérivaient plus. Un oiseau, perché sur une branche, ouvrait le bec sans qu'aucun chant retentît.

Oppressée par le silence qui régnait en ces lieux, Adel s'agenouilla sur la berge et trempa une main dans l'onde immobile. Aussitôt, la scène s'anima : l'oiseau lança un trille et s'envola, les longues algues vertes ondulèrent avec grâce, les feuilles tourbillonnèrent ; la fraîcheur de l'eau surprit la fillette qui se releva d'un bond, éparpillant autour d'elle un arc-en-ciel de gouttelettes irisées.

Ce n'était pas, ce n'était *plus* un rêve. Pour la seconde fois, elle venait de pénétrer dans un monde différent du sien. Avec un frisson d'appréhension, elle regarda autour d'elle, mais ne vit aucun animal susceptible de l'effrayer. D'ailleurs, elle ne se trouvait pas dans le verger d'où elle avait assisté, pétrifiée de terreur, à la charge des monstres aux longues défenses. La forêt semblait paisible : le sentier sinuait entre les arbres et se perdait dans l'obscurité des taillis. Non loin de là, une petite éminence dressait sa tête chauve au-dessus des frondaisons. Peut-être, si elle y montait, aurait-elle une idée plus précise de l'endroit où elle se trouvait.

L'ascension, facile, ne lui prit que quelques minutes : arrivée au sommet de la butte, elle tourna sur elle-même, offrant son visage à la caresse de l'énorme soleil rouge qui déclinait à l'horizon.

La forêt semblait ne pas avoir de fin : les longues vagues boisées fuyaient vers les quatre points cardinaux en d'innombrables ondulations. Nul village ne tranchait, par la tache colorée de ses toits, sur le vert des chênes, des hêtres et des trembles au feuillage argenté.

Éblouie par les rayons obliques de l'astre géant, Adel mit sa main en visière au-dessus de ses yeux et regarda vers l'ouest : une faible brise lui apportait des bouffées d'air salé et le grondement sourd du ressac.

« La mer... Il faut que j'atteigne le rivage. En suivant la côte, je rencontrerai forcément quelqu'un, un pêcheur ou... »

Elle cligna des paupières : cette ombre, là...

« On dirait un château, un vieux château. Il ressemble à ces forteresses du Moyen Âge qui sont décrites dans les romans de M. Walter Scott. Si je dois passer la nuit ici, il vaudrait mieux pour moi que je puisse dormir à l'abri. »

Adel se mit en route sans plus tarder, car la lumière baissait rapidement. Le crépuscule, en ces contrées, devait être bref, et elle avait peur de ne pas trouver son chemin si elle se trouvait obligée de progresser, la nuit, sous le couvert des arbres.

Du sommet de la colline, la distance lui avait paru aisée à couvrir en un quart d'heure de marche, mais il lui fallut plus d'une heure pour atteindre le pont-levis.

C'était bien un château, ou du moins les ruines d'une construction destinée à un usage défensif : le toit du donjon s'était effondré, et d'immenses plantes d'un bleu sombre, hérissées d'épines acérées, recouvraient les remparts. Les douves, larges de plus de dix mètres, avaient été envahies par une végétation luxuriante aux couleurs tout aussi inhabituelles : des lierres aux teintes de feu s'enroulaient autour de jeunes troncs vigoureux dont l'écorce brillait comme de l'argent pur ; d'énormes corolles noires oscillaient sur des tiges duveteuses, d'un jaune vif.

« Ces fleurs ont l'air... vivantes, se dit Adel avec un frisson de dégoût. Carnivores, peut-être. Je sais qu'il y en a dans les pays chauds. Restons à distance, c'est plus prudent. »

Le pont-levis paraissait solide ; elle s'y engagea, non sans remarquer que les énormes chaînes qui le retenaient ne montraient aucune trace de rouille. Même si personne n'habitait la forteresse, certaines parties étaient entretenues régulièrement. Par qui ? Elle regarda une fois encore les fleurs dont les pétales s'ouvraient comme des gueules. Quel aspect pouvaient avoir les êtres qui vivaient dans ce monde ?

De l'intérieur, le château semblait déjà moins délabré. À la droite d'Adel se dressait un corps de logis presque intact ; la porte dégondée pendait, mais les fenêtres avaient gardé presque tous leurs carreaux, épais comme des fonds de bouteille et de la même couleur verdâtre. Au centre de la cour, un puits moussu avait dû être utilisé récemment, car la corde qui s'enroulait autour de l'arceau de fer bruni était fine, mais neuve et solide.

Soudain, la fillette sentit, dans son dos, un léger choc. Elle fit volte-face et se figea, tous ses sens aux aguets : à ses pieds, un petit caillou roulait encore. Elle n'eut pas le temps de faire un mouvement de plus : des centaines de petites créatures s'abattirent sur elle, tombant des croisées, jaillissant des énormes pierres disjointes qui jonchaient le sol. Renversée, clouée au sol, presque étouffée sous la masse de ses adversaires, elle entendait un chœur de petites voix crier :

– C'est elle ! Vite, des cordes ! Ne la laissons pas s'enfuir !

Des mains minuscules grouillaient sur ses poignets, ses chevilles, son cou, tendant des liens aussi fins que les fils d'une toile d'araignée. Puis, tout aussi soudainement, un cri retentit et ses assaillants disparurent. Adel secoua les multiples fils qui l'entravaient et se mit sur son séant, étonnée. Où étaient-ils passés ? Le cri qu'elle venait d'entendre les avait-il effrayés à ce point ? D'ailleurs, qu'est-ce que c'était ?

Elle se leva et, machinalement, brossa sa jupe du plat de la main. Mais elle n'acheva pas son geste : car la créature qui venait de passer le pont-levis ne ressemblait à rien de connu – du moins, pour ce qu'elle en savait.

C'était un ver – mais un ver long de plus de deux mètres, dont les anneaux tachetés roulaient sur le pavé avec un écœurant bruit de succion. Sa tête était celle d'un chat, et de ses yeux, réduits à deux fentes, filtrait une lueur jaune, malsaine. Il n'avait que deux pattes, énormes et prolongées par des griffes acérées, dont il se servait pour propulser le reste de son corps.

Et dans sa gueule, il tenait deux femmes minuscules. Leurs longs cheveux blonds, dénoués, pendaient entre les crocs étincelants ; elles poussaient de faibles cris.

La Bête fixa Adel puis, décidant sans doute que cette proie-là lui donnerait trop de fil à retordre, fit demi-tour, emportant son butin.

– Au secours ! criaient les petites femmes, tendant leurs petits bras avec désespoir.

« Je ne peux tout de même pas les laisser dévorer sans rien faire ! » pensa la fillette.

La Bête avait presque atteint le pont-levis. Prise d'une inspiration subite, Adel leva les yeux : elle avait lu assez de romans de chevalerie, en cachette bien sûr, pour avoir acquis une idée assez précise de l'organisation défensive d'un château fort.

« Là-haut, il doit y avoir une... comment, déjà ? Ah, oui : une herse. »

Elle prit son élan et, au moment où l'immonde ver passait sous la herse, tira sur la chaîne qui la retenait. Les pointes de bois renforcées de fer traversèrent les anneaux tachetés, clouant au sol la Bête qui se cabra, rugit et mourut dans d'atroces convulsions. De sa gueule ouverte s'échappèrent deux petites silhouettes qui se réfugièrent dans un trou du mur d'enceinte.

D'autres minuscules créatures se hasardèrent hors de leurs cachettes et firent cercle autour d'Adel. Mais leurs intentions, cette fois, ne paraissaient pas hostiles.

Un lutin un peu plus grand que les autres – supériorité accentuée par le haut bonnet à trois pointes qu'il arborait fièrement – s'avança vers elle et, ôtant son couvre-chef, en balaya le sol. D'abord surprise, Adel se rappela les bonnes manières inculquées par sa nourrice et pinça sa jupe dans une esquisse de révérence.

– Je suis Alandre, roi des Morganès. Au nom de mon peuple ici réuni, je vous remercie ! Vous venez de sauver les héritières de la couronne !

Il poussa devant lui deux petites femmes, qui tentaient maladroitement de réparer le désordre de leur toilette et de leur coiffure. Vêtues pareillement d'un corsage rouge sur une jupe bleu vif, elles avaient la même chevelure blonde, des yeux bleus identiques et de charmantes oreilles pointues. Adel s'émut de leur fragilité et leur sourit.

– Voici Bethys, annonça le roi, et Aeilin. Mes filles jumelles, mes beautés, mes merveilles, la prunelle de mes yeux...

Bethys, modeste, baissa les yeux, mais sa sœur toisa Adel avec effronterie.

– Vous avez vaincu le Tadzelworm, poursuivait le souverain avec solennité. Depuis deux générations, ce monstre semait la terreur parmi notre peuple. Nous en étions arrivés à ne plus oser sortir de ce château, alors que le plus grand plaisir d'un Morganès est d'allumer des feux sur le rivage et de danser en contemplant les reflets de la lune sur les flots...

Il se retourna vers ses sujets médusés, tapa dans ses mains.

– D'ailleurs, nous allons organiser cette nuit même un grand festin en votre honneur ! Allons, tous, à l'ouvrage ! Nous fêtons la défaite du monstre et nos retrouvailles avec la mer ! Apportez du bois, de la paille ! Confectionnez gâteaux et pâtés ! Sortez des caves nos meilleures bouteilles ! Que des torches soient allumées, que les musiciens accordent leurs instruments, que les fillettes confectionnent des guirlandes de fleurs pour orner le front de notre invitée !

Comme s'ils n'avaient attendu que ce signal, tous s'égaillèrent. En un instant, la cour fut à nouveau vide.

– Voyez-vous, expliqua le roi un peu plus tard alors qu'Adel et lui se dirigeaient sans se presser vers le rivage, nous avons cultivé au plus haut point, depuis l'époque de mon grand-père, l'art de disparaître. C'est à ce savoir-faire que nous devons de ne pas avoir été anéantis. Car une force mauvaise est à l'œuvre aux confins de ce royaume...

Il désigna, au-delà de la forêt, une sombre chaîne de montagnes.

– Ces bêtes immondes – le Tadzelworm, et d'autres plus terribles encore dont j'ai ouï les répugnants exploits – nos ancêtres ne les connaissaient pas. *On* les a créées, lâchées sur nous : *on* cherche à nous détruire !

– Est-ce pour cette raison que vous m'avez attaquée ? interrogea Adel. Ma taille vous a effrayés ?

– Non... Nous avons déjà vu des représentants de votre peuple, et les Grands se sont toujours montrés, avec nous, assez amicaux. Non... c'est la couleur de vos cheveux, vous comprenez ?

– Ma... ma couleur de cheveux ? Vous plaisantez ! bredouilla Adel interloquée.

– Personne, dans les royaumes avoisinants, n'a cette chevelure rouge, intervint la jeune Bethys, qui suivait le roi.

– Sauf la Reine Noire, acheva sa sœur d'un ton provocant.

Père et fille la foudroyèrent du regard.

– Tiens ta langue, Aeilin, jeta Alandre d'un ton sec. Il n'est pas bon de prononcer ce nom.

– Et... qui est-elle ? s'enquit Adel avec précaution.

Elle ressentait un étrange malaise : devant ses yeux, les contours du paysage se brouillaient.

– Personne ne le sait. Elle...

La fillette n'en entendit pas davantage. Le sol se souleva sous ses pieds, et une vague confuse de couleurs et de formes l'emporta.

2

Adel se réveilla trempée de sueur. Elle était étendue sur une paillasse qui crissait à chacun de ses mouvements. Le drap avait glissé et un courant d'air glaçait sa peau moite. Autour d'elle, émergeant de la pénombre, des formes indistinctes, menaçantes.

– Laissez-moi ! cria-t-elle.

De l'obscurité, à l'autre bout de la pièce, s'éleva une voix pâteuse.

– Quoi ? Que se passe-t-il ? On nous attaque ?

Puis un soupir et un bâillement :

– Vous avez fait un cauchemar, mon enfant. Tout va bien. Dormez, la nuit est encore jeune... et une longue route nous attend demain.

Toute frissonnante, la fillette se recoucha et tira sur elle les couvertures.

« Ce vieux château au bord de la mer... la bête... Ces petits êtres... Non, ce n'était pas un rêve. Cette fois, j'en suis sûre. »

Elle se souvenait, à présent : ils étaient arrivés la veille dans cette auberge, seul bâtiment qui se dressât dans la plaine morne, battue de pluie, qu'ils avaient parcourue tout le jour. Les voyageurs y avaient fort mal dîné, d'une soupe aux choux assaisonnée de graisse rance, avec quelques tranches de pain noir et un morceau de fromage dur comme de la pierre. Hieronymus avait bu un peu trop de bière... Les pommettes rosies, il avait entrepris de déclamer des sonnets de Ronsard aux rares clients de la gargote, et elle avait dû le soutenir pour monter l'escalier qui menait aux chambres.

Mais rien ne pouvait ternir sa joie : pour la première fois de sa vie, elle se sentait libre ! Tout lui paraissait nouveau et intéressant : le chemin de fer, qu'elle n'avait jamais emprunté, les paysages traversés, les maisons des gardes-barrières avec leurs petites fenêtres ornées de rideaux au crochet ; au buffet de la gare, elle avait bu un café au lait qui lui avait semblé digne de la table des dieux, tout en observant les élégantes en tenue de voyage, escortées de messieurs qui portaient sur leur bras un plaid roulé ou un manteau à collet de fourrure. Extasiée, elle s'était pâmée devant les locomotives, monstres noirs qui crachaient des jets de vapeur dans un sifflement assourdissant.

En quelques jours, Marinette avait fait merveille : l'argent « emprunté » au faux notaire avait servi à payer deux billets de chemin de fer pour le nord de l'Allemagne, en troisième classe. De là, la diligence les conduirait jusqu'au port de Skagen, au Danemark, où ils prendraient le bateau. Ensuite, il faudrait s'en remettre aux moyens de transport locaux. La jeune marinière s'en inquiétait : ces barbares du Nord, jurait-elle, coupaient les têtes de leurs ennemis et buvaient dans leurs crânes des liqueurs qui provoquaient des accès de folie guerrière. Elle l'avait lu dans une revue illustrée, ce devait donc être vrai. De plus, ni Adel ni le précepteur ne comprenaient le suédois. Mais Hieronymus, qui depuis que leur départ avait été décidé gagnait en assurance, lui avait certifié que la Suède était un pays civilisé et que, comme dans tout pays civilisé, les gens de bonne compagnie parlaient latin. Lui-même ne connaissait-il pas toutes les finesses de la langue de Cicéron et de Sénèque ?

Adel n'avait pas d'opinion sur la question et écoutait leurs chamailleries d'une oreille distraite. Un espoir grisant lui gonflait le cœur : enfin, il lui était possible d'agir ! Oubliées l'affreuse maison de la rue Pissevieille et les longues années passées à languir derrière ses murs lépreux ! Oubliés les visages grimaçants de ses bourreaux ! Les jours gris reculaient, s'engloutissaient dans le brouillard. Devant elle s'ouvrait un chemin large et facile où l'attendaient, elle en était persuadée, les indices semés par ses parents pour qu'elle pût les retrouver... Comme elle avait hâte de les serrer dans ses bras ! Ce serait un instant magnifique – le plus beau de sa vie.

Marinette devinait plus ou moins quels romans s'élaboraient dans la tête rousse de sa jeune amie et sentait ses craintes redoubler. « La môme » ne doutait de rien ; s'imaginait-elle son père et sa mère retenus dans quelque donjon par le maléfice d'un enchanteur, comme dans les contes de fées ? En outre, elle prenait à la légère tout conseil de prudence.

– Fais gaffe au boiteux et à son compère, lui avait recommandé Marinette. Ils ne vont pas lâcher le morceau comme ça.

– Ils ne me retrouveront jamais là-bas ! avait répondu la fillette avec insouciance. Comment pourraient-ils deviner que je prends la route du Nord ? Ils n'ont jamais lu le carnet de mon père. S'ils continuent leurs recherches, ce sera à Paris, où ils pensent que je me cache.

À la dernière minute, elle avait voulu emporter la canne à tête de dogue : elle en ferait présent à Hieronymus. Il l'avait bien mérité ! Et le luxe sévère de cet accessoire donnerait à leur « famille » fictive une touche supplémentaire de respectabilité.

Car les deux compagnons de voyage devaient passer pour père et fille : un simple professeur partant enseigner le français à Stockholm, flanqué de son unique enfant, n'éveillerait pas l'attention. L'un des jeunes amis de Marinette s'était chargé de fournir les faux papiers nécessaires : rebaptisée Nausicaa (une fantaisie du précepteur, qui plaçait Homère au firmament des poètes), Adel y était rajeunie de deux ans.

– Mais ce n'est pas vrai ! s'était indignée l'adolescente. J'ai presque quatorze ans !

– On le sait, mon poussin, avait répliqué Marinette. C'est juste par sécurité. D'ailleurs, on va t'arranger un peu le portrait.

Les cheveux d'Adel, lavés au brou de noix, avaient foncé et montraient de beaux reflets d'acajou sombre (« Une rouquine, ça se repère à des kilomètres. On n'est jamais trop prudent »). Avec ses deux nattes bien raides nouées d'un ruban, son chapeau à brides et son col blanc, elle figurait assez bien la fillette timide dont le signalement était inscrit sur le faux passeport. Le précieux carnet avait été rangé dans le fond d'un sac en tapisserie. Deux jupons de flanelle, deux chemises, deux paires de bas, trois mouchoirs, une jupe et un corsage de rechange, le tout puisé dans la garde-robe de la jeune marinière, formaient le bagage de la voyageuse, qui ne s'était pas sentie aussi riche depuis longtemps. L'argent restant avait été confié au précepteur, avec consigne de pratiquer la plus stricte économie.

Le jour du départ, il neigeait sur Paris. Du fiacre qui les emportait vers la gare – dépense somptuaire jugée nécessaire par Marinette qui voyait des boiteux partout –, Adel, émerveillée, avait salué Notre-Dame dont les pierres noircies par les ans s'ourlaient d'une blanche fourrure, comme le Louvre immense et solennel et les ponts ornés de statues. Le percement de l'avenue du nouvel Opéra forçait le cocher à faire un détour considérable ; la voiture avait donc évité le chantier du gigantesque bâtiment dédié aux Muses par le jeune architecte Charles Garnier. Partout on éventrait, on abattait, on construisait.

– Les nouvelles Halles dessinées par Baltard sont un chef-d'œuvre de conception, pérorait Hieronymus au grand agacement de la jeune marinière. C'est l'avenir ! L'Empereur fait détruire les quartiers insalubres où sévissent régulièrement des épidémies de choléra. Il donne ainsi du travail aux ouvriers du bâtiment...

– ... et jette à la rue des milliers de pauvres gens. Taisez-vous, Hieronymus. Vous ne dites que des âneries !

Les adieux avaient été brefs. Marinette détestait les « chichis » et s'était contentée de serrer Adel sur son cœur avant d'assener à son compagnon une bourrade à assommer un bœuf.

– Prenez bien soin de la petite, sinon vous aurez affaire à moi, avait-elle lâché d'une voix bourrue.

L'interpellé, béat, contemplait le pommeau de la canne à tête de dogue ; la toucher lui procurait un frisson de plaisir. Jamais il n'avait possédé un si bel objet. Tout en fendant la foule qui se pressait aux portières, il surveillait du coin de l'œil le balancement de la tige d'acajou et se sentait une âme d'aristocrate voyageant incognito. Dommage qu'un personnage aussi distingué se vît obligé de monter dans un compartiment de troisième classe ! Mais après tout, méditait-il avec philosophie, la vie était pleine de surprises – les quelques jours qui venaient de s'écouler en portaient témoignage.

Qui pouvait savoir ce que lui réservait l'avenir ?

Adel soupira et s'agita sur le mauvais matelas, affaissé en son milieu. Une envie pressante la tenaillait : mais pour la satisfaire, il lui faudrait s'arracher à la chaleur relative de sa couche et sortir dans le couloir glacé, car elle n'envisageait pas d'utiliser le pot de chambre glissé sous la table de nuit. Le précepteur dormait sur un lit de camp que l'on avait dressé pour lui près de la cheminée sans feu et, même s'il ronflait de bon cœur, il risquait de se réveiller.

Avec un soupir, la fillette glissa ses jambes hors du lit et chercha, du bout du pied, ses chaussures. En se levant, elle constata avec étonnement qu'elle était tout habillée ; pourtant, elle se souvenait avoir enfilé sa chemise de nuit avant de se coucher... Encore un mystère qu'il faudrait éclaircir ! Doucement, elle gagna la porte qu'elle ouvrit en prenant garde de ne heurter aucun meuble. Elle n'avait pas de bougie, mais se souvenait que l'escalier se trouvait à sa gauche ; au bas des marches s'ouvrait un réduit qui servait de cabinet d'aisances. « Je n'ai qu'à garder une main sur le mur, se dit-elle. Ainsi je ne risquerai pas de tomber. » Dans le noir, elle progressait pas à pas, guettant les grincements de la vieille bâtisse que le vent harcelait. Les nuits silencieuses devaient être rares en ces lieux, car la lande n'offrait aucun refuge contre les colères de la nature. Tous les vents du monde y soufflaient et, les soirs de tempête, on devait entendre sur de grandes distances le mugissement des vagues déchaînées.

Adel était presque arrivée au bas de l'escalier quand elle sentit un frôlement contre sa hanche droite.

Elle sursauta. Un animal... ou autre chose, avait-il fui à son approche ? « Il y a sûrement des souris dans cette auberge, pensa-t-elle. La salle n'est pas très propre... »

Le frôlement se répéta, plus net. Cette fois, Adel s'immobilisa.

« Dans ma poche ! J'ai une souris dans ma poche ! »

Elle fit une petite grimace. Non qu'elle eût peur de ces bestioles – à l'orphelinat vivait une véritable colonie de rongeurs – mais elle craignait de se faire mordre si elle plongeait la main dans les plis de sa jupe pour en déloger l'intruse. Souris et rats propageaient toutes sortes de maladies (elle l'avait lu dans un des livres récupérés au grenier) et elle n'avait pas le temps d'être malade... Elle avait bien trop à faire !

« Je sais. Je vais enlever ma jupe et la retourner. »

Adel avait atteint la dernière marche. Elle entra dans le réduit et referma la porte derrière elle. Une minuscule fenêtre, percée très haut dans le mur, laissait passer l'éclat de la lune à son plein ; la logette était baignée d'une lumière blanche, fantomatique.

« Tant mieux. Au moins, j'y verrai clair... »

Elle défit les agrafes de sa ceinture et laissa glisser la jupe à ses pieds en la secouant avec énergie. Un petit cri retentit et quelque chose de léger tomba sur le sol.

Mais, au lieu de détaler, la souris se mit à vociférer :

– Aïe ! Je me suis cogné la tête ! Tu ne peux pas faire attention, espèce de grande brute ?

3

Adel crut que son cœur allait s'arrêter. Les souris ne parlent pas ; pas dans le monde réel ! Mais l'univers tel qu'elle croyait le connaître ne montrait-il pas, depuis quelque temps, un tout autre visage ? Après ce qu'elle avait vécu, elle n'était plus sûre de rien. Pleine d'appréhension, elle s'accroupit, ramenant contre sa poitrine les plis froissés de sa jupe.

Devant elle se tenait une petite créature haute comme la main, dotée d'une chevelure bouclée et de deux petites oreilles pointues. Assise sur le plancher, elle se frottait le front en dardant sur la fillette un regard furibond.

– Tu devrais faire attention, réitéra-t-elle. J'aurais pu me rompre les os !

– Aeilin ? souffla Adel. C'est toi ? À moins que tu ne sois Bethys ?

– Je suis Aeilin, princesse des Morganès.

– Qu'est-ce... qu'est-ce que tu fais là ? Et comment es-tu venue ?

La petite princesse leva les yeux au ciel.

– Dans ta poche, évidemment ! Quand tu as commencé à... t'effacer, je me suis accrochée à ta jupe. Et me voilà.

– Mais pourquoi...

– Pourquoi ! Elle demande pourquoi ! pépia la lutine avec une petite grimace de dédain. Serais-tu simple d'esprit ? Mais je m'ennuie à périr, moi, dans ce vieux château plein de courants d'air, avec les attaques des Tadzelworm pour seule distraction ! Toujours courir et se cacher, toujours danser au clair de lune et cueillir des herbes médicinales, touiller les marmites et ravauder les bonnets... C'est mortel ! En plus, mon père veut me marier à l'un de ses lieutenants, un certain Puck...

– Et tu ne l'aimes pas ? interrogea Adel avec curiosité.

– Je le déteste ! Il est grossier, arrogant, il chante faux, et le pire, c'est...

Elle se haussa jusqu'à l'oreille de la fillette et chuchota :

– ... c'est qu'il ne lave jamais ses chaussettes ! JAMAIS.

Adel éclata de rire... et se plaqua aussitôt une main sur la bouche. Si l'aubergiste la surprenait en ce lieu, en grande conversation avec un personnage tout droit sortie d'un conte, il ameuterait la maisonnée et c'en serait fini de leur incognito.

Elle se leva et remit sa jupe.

– Viens, chuchota-t-elle. On va chercher un coin tranquille.

La fillette tendit sa main au ras du sol et Aeilin, légèrement, sauta dans la paume offerte. Avec précaution, Adel fit à nouveau glisser la lutine dans sa poche, où la minuscule princesse s'installa comme si elle se fût trouvée dans un hamac.

– Plutôt confortable, commenta-t-elle. Mais un peu sombre. Tu devrais pratiquer des ouvertures là... et là. J'aurais une meilleure vue sur ton monde.

Sans répondre, Adel sortit du cabinet et traversa la grande salle d'auberge. Les bancs étaient posés sur les tables, leurs pieds se dressant comme une forêt de troncs grêles, dépouillés par l'hiver ; le sol, nettoyé, était recouvert d'une couche de sciure fraîche.

« On verra les traces de mes pas. Il faut que je trouve un moyen de les effacer. »

Dans un coin, elle avisa un balai. Rassurée, elle se détendit.

« Je le prendrai au retour et je balaierai derrière moi. Personne ne remarquera qu'il n'a pas été remis à sa place. »

Dans la cour, elle avait remarqué une remise où l'on entreposait les bagages trop encombrants pour être montés dans les chambres. Elle s'y glissa après avoir jeté un coup d'œil alentour. L'endroit était désert.

« Parfait. »

Adel s'assit sur un coffre cerclé de fer et offrit son doigt à Aeilin qui, avec prestesse, s'extirpa de son abri. Pensive, la fillette dévisagea son étrange compagne.

– Que vais-je faire de toi ? murmura-t-elle.

– Je pourrais me poser la même question, répliqua la lutine avec impertinence. Tu m'as l'air un peu nigaude. Mais je ne t'en veux pas : les Grands sont ainsi, et c'est un bien pour nous, car nous avons toujours réussi à échapper à Ses monstres et à Ses soldats.

– De qui parles-tu ?

– Mais d'ELLE, bien entendu ! La Reine Noire ! Ne me dis pas que mon père ne t'a pas rebattu les oreilles de ses méfaits ! Il tremble à sa seule évocation, comme tous les autres, d'ailleurs. Ils n'osent même pas prononcer son nom !

– Dis-moi, Aeilin... commença Adel.

– Oh, je sens qu'il va me falloir te fournir de longues explications ! se plaignit la petite créature en écartant les bras dans un geste de désespoir comique. À ce qu'il paraît, les Grands sont d'incorrigibles bavards. Vous n'y pouvez rien, je le suppose : c'est dans votre nature. Bon, pose tes questions !

– Quel est le nom de ton pays ? Ce pays où je me suis retrouvée en rêve... enfin, non, pas en rêve, bien que je ne sache pas comment j'y suis venue...

– Je n'en sais rien, répondit la lutine avec ingénuité. Là, es-tu contente ?

– Comment, tu ne sais pas ? Mais que t'a-t-on appris ?

– Bien des choses dont tu n'as même pas idée, répliqua Aeilin piquée au vif. Toi qui fais la savante, tu connais, peut-être, le nom de ton monde ?

– Évidemment, fit Adel en souriant. Je vis sur une planète qui s'appelle la Terre, et qui tourne autour du Soleil. Cette partie du monde se nomme l'Europe, et le pays où nous sommes le Danemark. Je viens de France et demain, je serai en Suède, si tout va bien.

Aeilin pinça les lèvres.

– Arrête de te rengorger ! Chez nous, on n'apprend pas cela. Je sais seulement que je suis une Morganès du château de Balmung, aux frontières des Terres du Nord.

Elle se dressa sur la pointe des pieds et regarda la fillette avec défi.

– En revanche, je sais quelque chose que tu ignores...

– Ah oui ? Quoi ?

– Je sais comment tu es venue chez nous.

Une averse soudaine flagella le toit de la remise ; la pluie cessa aussi brusquement qu'elle était tombée et une vapeur se forma sur la plaine. Le vent y creusa ses remous, si bien que l'auberge, bientôt, sembla se dresser, isolée et sinistre, au milieu d'un lac.

– On raconte bien des légendes, au château, sur ce médaillon, commença Aeilin. On prétend qu'il est capable de choisir à qui il veut être confié. Et aussi qu'il confère à celui qui le porte un pouvoir en harmonie avec sa nature.

– Un pouvoir ? répéta Adel ébahie.

– Laisse-moi finir ! En outre, il permet de passer entre les mondes sans avoir à franchir la Porte.

– Mais quelle porte ? Je ne comprends rien à ce charabia...

– Tu es bien impatiente ! C'est un savoir ancien

et bien gardé. Si j'en sais autant, ajouta la lutine avec un sourire espiègle, c'est parce que j'écoute les conversations qui ne me sont pas destinées. Une fois par lunaison, mon père s'enferme avec ses plus anciens compagnons d'armes et les sages de notre peuple. La cérémonie a lieu dans une crypte où nul, sauf eux, n'a le droit d'entrer. Et là, ils réitèrent l'Appel.

– L'Appel ? Qu'est-ce que c'est ?

– Un rituel dont l'origine se perd dans la nuit des temps. Ils l'appellent les « Trois Armes de l'Étoile ». Ne me demande pas ce que c'est ! prévint-elle. Je l'ignore. Mais le médaillon – ton médaillon – en fait partie. Quand tu le portes, tu as le pouvoir de venir dans notre monde...

– Vous l'avez laissée s'échapper !

La voix du boiteux tremblait de fureur contenue. Il se pencha en avant, appuya ses dix doigts écartés sur le maroquin qui recouvrait le bureau du faux notaire.

– Je vous ai ouvert un crédit illimité, reprit-il. Locaux, personnel, mobilier... J'ai couvert vos dépenses somptuaires, fermé les yeux sur vos achats de vins fins et de cigares, choisi d'ignorer que vous receviez ici des femmes de petite vertu...

– Un honnête travailleur a bien le droit de se détendre, se justifia son vis-à-vis.

L'homme en noir ignora l'interruption.

– Tout ce que je vous demandais en échange, poursuivit-il, c'est une façade de respectabilité. Une adresse, un bureau, de l'entregent. Je vous ai chargé d'une tâche dont un enfant aurait pu s'acquitter : retrouver une orpheline de treize ans ! Et vous avez échoué, lamentablement échoué...

– Ce n'est pas ma faute ! Vous étiez là, vous aussi ! Ces garnements nous ont sauté à la gorge...

– Que n'aviez-vous songé à cette éventualité ? Il fallait poster quelques forts gaillards dans le jardin. C'est pour cela que je vous paie...

Il se redressa, lissa, sur ses phalanges, ses gants de peau noirs.

– ... que je vous *payais*, acheva-t-il avec un sourire sinistre.

Le dénommé Sornois – il avait en réalité reçu en baptême le nom de Jules-Amédée-Émile Vacher – se recroquevilla dans son fauteuil. Ce douzième rejeton d'une pauvre famille de laboureurs avait compris dès son plus jeune âge que la terre ne le nourrirait pas ; monté à Paris, il avait prospéré dans le crime grâce à une exceptionnelle souplesse d'échine doublée d'une froide cruauté qui le rendait apte à toutes les besognes, même aux meurtres les plus répugnants. Il en retirait un certain plaisir, et une curiosité toujours renouvelée pour les contorsions et les plaintes que l'engeance humaine laissait échapper à l'instant suprême. Quelques années plus tard, il avait séduit une riche veuve, de deux décennies son aînée, qui, le tirant du ruisseau, avait pourvu à son éducation. Sans états d'âme, le jeune homme avait attendu qu'elle l'eût couché sur son testament pour l'assassiner. Nanti d'un modeste revenu, frotté aux manières de la bourgeoisie, il pouvait désormais viser haut, ne pas se contenter d'un destin d'homme de main. Fabriquer de toutes pièces un faux testament, escamoter discrètement une pièce authentique, terroriser des vieillards trop faibles pour lui résister : l'éventail de ses « spécialités » lui avait assuré une belle aisance. En rencontrant ce boiteux, il avait cru toucher au couronnement de sa carrière. Bientôt, se prenait-il à rêver, il pourrait se retirer, fortune faite. De l'une de ses nombreuses victimes, il tenait la jouissance d'un lopin de terre en Médoc, une vigne flanquée d'une maison coiffée de tuiles jaunes et d'un jardinet envahi de roses. Il s'imaginait assez bien, vêtu de lin écru, coiffé d'un chapeau de paille, discutant avec son maître de chai de l'encépagement des parcelles : malbec et merlot, muscadelle, verdot et cabernet-sauvignon... Les soirs d'été, il irait s'asseoir sous la treille pour déguster un vin rond et chaud, aux arômes de fruits secs et de vanille...

Ce rêve – celui d'une canaille qui voulait finir dans la peau d'un paisible rentier, connu et estimé de ses pairs – était à sa portée.

Jusqu'à ce que ce petit démon de fille déjouât ses plans.

Il connaissait les hommes : celui qui se tenait devant lui, grondant comme un fauve blessé, était des plus dangereux. À lui de l'amadouer, et au plus vite ; ou il ne donnait pas cher de sa peau.

— Je la poursuivrai, siffla-t-il. Et je lui ferai regretter le tour qu'elle nous a joué.

Les yeux mi-clos, le boiteux fixait son acolyte.

« Voilà une marionnette qui n'a que trop servi, médita-t-il. Il est temps d'en couper les fils. »

Il sourit à nouveau – presque agréablement.

— Vous avez raison, mon cher, approuva-t-il. Cette jeune personne regrettera son insolence... bientôt, très bientôt. Quant à notre collaboration, je suis prêt à en renégocier les termes.

Soulagé, le faux notaire se leva.

— Comme il vous plaira, fit-il avec obséquiosité.

Voulez-vous que nous en discutions devant un bon repas ? La cuisinière que j'ai engagée est un véritable cordon-bleu : elle a préparé des perdreaux à l'étouffée et une timbale de langouste briochée... avec un pécharmant 1847...

– Excellente idée, repartit le boiteux, impassible. Montrez-moi le chemin de la salle à manger, s'il vous plaît.

Dans sa certitude d'avoir échappé au pire, Jules-Amédée, alias Charles-Adalbert, commit alors la première et la dernière erreur de sa longue vie de rapines et de meurtres : il tourna le dos à son compagnon.

La lame qui s'enfonça dans sa nuque n'était guère qu'une grosse aiguille : elle lui arracha un hoquet, puis il plia les genoux et s'effondra.

Il commençait à neiger sur les boulevards. L'homme en noir remonta le col de son manteau et s'éloigna de son pas inégal. Un regret l'effleura : la faim le tenaillait et le menu annoncé par sa victime lui avait paru des plus alléchants.

« J'aurais peut-être dû attendre le dessert », pensa-t-il.

Tant pis : il déjeunerait dans un Bouillon Duval, puis prendrait ses dispositions pour quitter la capitale. Machinalement, sa main droite se crispa ; sa canne à tête de dogue lui manquait. Avec ce pavé glissant...

« Elle me retrouvera, murmura-t-il. »

Dans sa paume, le fourmillement s'accentua. La tête de dogue appelait son maître. Il exulta.

« Cette petite sotte... elle n'a pu résister ! Elle l'a emportée, j'en suis sûr. Elle et ses complices... ils ont quitté Paris. Je n'ai plus qu'à suivre la piste. »

Il se tourna vers le nord, flairant l'air qui charriait une odeur de fer et de fumée. Sa proie, estima-t-il, avait quelques jours d'avance sur lui. Mais il pouvait se déplacer vite... très vite, même.

Comme seuls les fantômes en ont le pouvoir.

4

Le soleil se levait, énorme boule de feu au ras de l'horizon, et dardait ses premiers rayons sur la façade décrépite de l'auberge. Adel et Hieronymus retrouvèrent les autres voyageurs dans la salle commune, où ils prirent un petit déjeuner frugal composé de pain, de fromage et de bière légère. La voiture avait déjà été amenée devant la porte et deux garçons s'affairaient à charger les bagages. Une malle restait introuvable : sa propriétaire, une grosse dame empaquetée de fourrures, qui se rendait à Göteborg pour y marier sa fille à un riche armateur, jetait les hauts cris.

– Le trousseau ! Le trousseau de ma chère petite Dorothée ! Toutes ses chemises de nuit se trouvaient dans cette malle ! Douze chemises, de la batiste la plus fine, avec des entre-deux de Malines... De pures merveilles, le rêve d'un époux amoureux...

– Maman, je vous en prie, chuchota, gênée, la future mariée.

Dans son costume de voyage en simple drap gris, elle semblait vouloir plus que tout passer inaperçue. Mais sa mère n'en avait cure : elle avait déjà régalé les occupants de la voiture, lors des étapes précédentes, du récit des préparatifs qu'elle avait dû entreprendre pour les noces. La demande en mariage, la dot, le contrat, les détails concernant le déroulement de la cérémonie étaient connus de tous. Rougissante, la jeune Dorothée s'absorbait dans la contemplation de ses mains gantées de chevreau. Adel, quand elle croisait son regard, ressentait un élan de pitié : la pauvre fille aurait certainement préféré se trouver à l'autre bout de la planète !

Mais le remue-ménage provoqué par la perte du précieux bagage avait du bon, car personne ne remarqua que la fillette glissait dans sa poche une demi-tranche de pain et un bout de fromage. Avant de s'habiller, elle avait pratiqué une incision discrète dans le tissu de sa jupe ; la petite princesse des Morganès aurait, au fond de son refuge, de l'air et de la lumière.

– Ça va, Aeilin ? chuchota Adel à la première

occasion, alors que le tohu-bohu était à son comble, servantes et valets courant en tous sens à la recherche de la malle égarée.

– Ça peut aller, répondit la petite voix d'Aeilin. Mais j'ai mal aux oreilles. Les Grands crient-ils toujours autant ?

– Non, c'est exceptionnel...

– À qui parlez-vous ?

Le précepteur, sa chère canne à tête de dogue à la main, venait de surgir à ses côtés.

– Je... j'essayais de me rappeler le nom des villes que nous allons traverser, improvisa Adel.

– Mon enfant, voyons ! Je vous ai montré pas plus tard qu'hier notre trajet sur la carte...

– Oh ! C'est vrai. Désolée, j'ai oublié, fit mine d'avouer la fillette en battant des paupières d'un air naïf.

Hieronymus poussa un profond soupir.

– Nous prenons ce soir le bateau, expliqua-t-il avec une patience forcée. Nous gagnerons Göteborg où nous ferons halte le temps de rassembler ce qui nous sera nécessaire pour nous rendre dans ces rudes contrées du Nord, et de nous renseigner sur le moyen le plus sûr et le plus rapide d'y parvenir. J'estime que dans trois à quatre semaines nous serons parvenus à destination, si le Ciel veut bien nous être favorable.

Trois à quatre semaines de voyage ! Ce délai paraissait à Adel une éternité, à la fois redoutable et rassurante ; consciente, enfin, que la réalité ne ressemblerait pas forcément à ses rêves, elle commençait à appréhender de toucher au but. Mais, soulagée d'avoir réussi à détourner l'attention du précepteur, elle évita de s'attarder sur cette pensée et grimpa en voiture, prenant soin de se placer contre la portière, afin qu'Aeilin ne pût être aperçue par les autres voyageurs.

La journée se traîna, interminable et morne. La malle perdue avait été retrouvée à la dernière minute, circonstance qui inspira à Mme Van de Poot (dont l'époux, un négociant fort cossu, tenait à Anvers commerce de porcelaines et de tulipes, ce que nul n'ignorait désormais) de nouveaux développements oratoires sur son contenu. La plupart des passagers de la voiture cherchèrent refuge dans le sommeil, imités par Dorothée qui, ne pouvant imposer silence à la voix maternelle, tira sur son front le voile qui ornait son chapeau et se pelotonna contre la banquette. Hieronymus, les paupières mi-closes, caressait le pommeau de sa canne d'un geste machinal ; une habitude, nota Adel, qu'il avait contractée depuis peu, un ou deux jours peut-être. La fillette commençait à se demander si elle n'aurait pas dû jeter l'accessoire dans la Seine : chaque fois que son regard se posait sur la tête de dogue, dont les yeux vides semblaient la fixer méchamment, elle ressentait un début de malaise.

« Ne fais pas la sotte, Adel : c'est un objet, un simple objet... et ce cadeau a fait tellement plaisir à Hieronymus ! Ce n'est plus le même homme. »

Elle écarta le rideau. La pluie de la nuit s'était transformée en neige fondue et de lourds flocons s'écrasaient contre la vitre. À perte de vue s'étendait la plaine, coupée çà et là par la ligne noire d'un cours d'eau ; le ciel rejoignait la terre, accrochant au moindre monticule des lambeaux de nuages. La route déserte filait dans ce paysage désolé sans autre accident que les profondes ornières laissées par les charrettes. Le cocher, pour les éviter, lançait parfois la voiture à droite ou à gauche, malmenant ses chevaux et jurant ferme quand une roue dérapait au bord d'une flaque. À l'intérieur, l'air était froid et lourd, avec des relents de cuir moisi. Certains voyageurs avaient pris la précaution de se munir de chaufferettes en cuivre, que l'on remplissait de braises aux étapes. Il s'en échappait une buée qui estompait les couleurs et les visages.

Adel finit elle aussi par céder à la somnolence, mais elle sursautait chaque fois qu'un mouvement, dans sa poche, lui rappelait la présence de la lutine. Elle avait beau être sûre que personne d'autre qu'elle-même ne pouvait les percevoir, elle craignait de se trahir par une exclamation ou un geste irréfléchis.

Vers midi, on s'arrêta dans un relais pour changer de chevaux et manger sur le pouce : le conducteur voulait arriver avant la nuit à l'embarcadère.

– Mesdames, messieurs... Pressons, s'il vous plaît.

À nouveau les cahots, le froid, la voix perçante de Mme Van de Poot.

– Alors je lui ai dit : mon gendre... vous permettez que je vous appelle mon gendre ? L'affaire est dans le sac, pour ainsi dire ! Mon gendre, ne me prenez pas pour une de ces étourdies à qui l'on peut en faire accroire ! Je suis d'Anvers et, à Anvers, les femmes de la bonne société...

De quoi parlait-elle ? Adel n'en avait aucune idée. L'épaule appuyée à la portière, elle se laissait bercer et secouer, comme absente. Mais en réalité, son esprit travaillait à toute vitesse. Ce qu'Aeilin lui avait révélé la nuit précédente lui semblait par trop extravagant. Son médaillon, par exemple, qui lui ouvrait les portes de ce monde étrange où vivait le petit peuple des Morganès. Pourquoi, comment, Aeilin l'ignorait. Cela faisait partie des bribes de renseignements qu'elle avait glanées en écoutant aux portes, dans le château de son père ; elle savait qu'il existait un livre où toutes ces choses étaient écrites et expliquées, mais n'avait jamais pu découvrir si le roi l'avait ou non en sa possession. Quant au verger abandonné où Adel s'était retrouvée à son premier « voyage », la lutine n'en avait jamais entendu parler.

– Les montagnes que tu décris ressemblent à celles des Terres du Nord, avait-elle remarqué en fronçant son petit nez. Là-bas aussi, il y a des monstres, paraît-il, plus énormes et plus sanguinaires que tout ce qu'on peut imaginer. Tu t'en es tirée à bon compte !

Adel avait l'impression de devoir rassembler une à une les pièces d'un puzzle compliqué : le médaillon, le carnet de son père, les contrées inconnues où elle avait le pouvoir de se rendre, la disparition mystérieuse de ses parents alors qu'ils étaient à la recherche des vestiges d'un continent englouti – l'Atlantide – le boiteux et son acolyte, les « Trois Armes de l'Étoile »... Tout cela était lié, mais de quelle manière ? Elle aurait aimé exposer ses doutes à Hieronymus, solliciter son avis, mais le manque d'intimité que supposait l'espace clos de la voiture leur interdisait toute conversation privée. Aux étapes, le soir, ce n'était guère plus facile. Tous les voyageurs prenaient leur repas à la même table, il n'y avait jamais assez de chambres, enfin la minceur des cloisons décourageait les confidences. Adel devait jouer son rôle, celui d'une fillette docile, craintive, un peu renfermée. Le plus difficile, pour elle, c'était d'appeler le précepteur « papa ». Ce mot lui écorchait les lèvres et elle évitait, autant que possible, de le prononcer.

Et maintenant, il y avait Aeilin. Devait-elle révéler sa présence à Hieronymus ? Quelque chose l'en empêchait – elle ne savait quoi. Une ombre nouvelle, un réflexe de méfiance. La veille, le précepteur l'avait questionnée avec insistance :

– Avez-vous eu d'autres visions ? lui avait-il demandé alors que les postillons dételaient les chevaux. Ces animaux gigantesques qui vous ont attaquée, le jour où Marinette vous a vue disparaître... Les avez-vous revus ? Vous poursuivent-ils dans vos rêves ?

– Non, avait-elle répondu avec sincérité.

– Ce médaillon... j'aimerais l'examiner. Dans l'intérêt de la science, cela va sans dire. Confiez-le-moi un moment.

Il avait tendu la main vers le col de sa robe. Prise au dépourvu, la fillette avait reculé.

– Pas ici.

Hieronymus s'était aussitôt repris et avait secoué la tête d'un air confus, mais elle avait eu le temps de surprendre, dans son regard, une lueur avide, un peu folle.

– Oui, bien sûr. Pardonnez-moi. J'ai soif de connaissances nouvelles, ce qui explique ma curiosité.

Se forçant à lui sourire, elle avait murmuré :

– Je comprends. Mais il faut nous montrer prudents...

Une brusque secousse projeta Adel vers l'avant. Elle fut éjectée de la banquette et se rattrapa tant bien que mal aux genoux de son vis-à-vis, un maigre jeune homme dont les os saillants lui meurtrirent les bras et la poitrine. Réveillé en sursaut, il la foudroya du regard.

– Désolée, marmonna-t-elle.

– Que se passe-t-il ?

Mme Van de Poot, qui avait plus ou moins renoncé à tenir avec ses voisins ce qu'elle appelait

« une conversation civilisée » et qui se résumait en fait à de longs monologues, se penchait à la portière.

– Cocher ! pourquoi nous arrêtons-nous ?

Un flot d'imprécations fit écho à ses paroles. Suffoquée, elle reprit sa place.

– Il y a des gens sur la route, fit remarquer Dorothée. Trois hommes. Ils parlementent avec notre cocher, mais je ne comprends pas ce qu'ils disent.

– Je t'ai pourtant fait prendre des leçons d'allemand et de suédois, se lamenta sa mère. Tout ce bel argent dépensé, et pour quel résultat ! Si tu n'es même pas capable de...

Une détonation retentit alors, qui lui arracha un glapissement terrifié.

– Descendez ! Tous !

Un homme dont le visage était dissimulé par un foulard noué sur la nuque s'était approché de la portière : il tenait un pistolet et d'un geste sec, brisa la vitre en se servant de la crosse de son arme.

– Les dames d'abord..., ordonna le brigand en exécutant une courbette affectée. Au passage, vous aurez la bonté de me remettre vos bijoux, montres, chaînes et autres babioles précieuses... C'est pour mes œuvres ! précisa-t-il avec un sourire de loup.

Le cœur d'Adel s'emballa.

« Mon médaillon ! pensa-t-elle, affolée. Il va me le prendre ! »

Elle se poussa dans le fond de la voiture, tandis que les passagères, avec de petits couinements de frayeur, ôtaient leurs bagues et leurs colliers.

Adel cherchait une issue. Mais un rapide coup d'œil au-dehors lui permit de constater que l'autre portière était gardée ; inutile d'espérer s'enfuir par là.

« De toute manière, ces bandits m'auraient vite rattrapée. »

Elle sentit alors qu'on la pinçait et baissa les yeux. Aeilin avait escaladé la poche de sa jupe et, les yeux au ras de l'ouverture, semblait jauger la situation.

– Cours, souffla-t-elle. Bouscule ces grosses pintades et sauve-toi. Ils ne s'attendent pas à ça, je parie. Débrouille-toi pour prendre une bonne avance.

– Ça ne servira à rien, protesta la fillette. Ils doivent courir beaucoup plus vite que moi. Et puis, où irais-je ?

– Fais ce que je te dis et ne discute pas. Je t'expliquerai. Nous avons une chance de nous en sortir si tu m'obéis point par point.

Pressées par les deux malandrins postés près de la voiture, les passagères quittaient leur place et descendaient en trébuchant dans la neige molle.

Mme Van de Poot fit quelques difficultés ; ses cris outragés firent la joie des bandits qui la dépouillèrent, en riant à gorge déployée, de sa chaîne de montre, de sa lourde chevalière et même de son pince-nez en or. En sautant du marchepied, elle s'effondra sur l'un d'eux qui, toute gaieté oubliée, sacra et se dégagea d'un coup d'épaule, expédiant l'honorable dame les quatre fers en l'air sur le sol glacé et spongieux.

– C'est le moment ! grinça la petite voix de la lutine. Cours ! Cours aussi vite que tu le peux !

Adel, galvanisée, profita de la confusion qui régnait à la portière – la mère de Dorothée, inerte comme une baleine échouée, braillait qu'on voulait l'assassiner, tandis que sa fille tentait vainement de rabattre les jupons maternels sur ses grosses jambes agitées de soubresauts –, se faufila entre les jambes des passagers et plongea, presque tête la première, par l'ouverture. Elle toucha le sol, se releva et, sans un regard en arrière, se mit à courir droit devant elle.

– C'est ça ! s'époumonait la petite créature, cramponnée des deux mains à la lisière de la poche et ballottée comme une feuille de salade dans son panier. Continue ! Va vers ce buisson, là-bas !

– Mais c'est idiot ! haleta Adel. Il n'est pas assez touffu pour que je puisse m'y cacher !

– Il l'est bien assez ! Accélère !

Adel obéit, étonnée de sa propre docilité. La créature venue de cet autre monde étrange où l'entraînait son médaillon avait beau être de taille minuscule, il émanait d'elle une autorité incontestable. Elle fonça vers le bouquet d'arbustes rabougris et, hors d'haleine, s'accroupit derrière le mince écran végétal. Jetant un coup d'œil vers la voiture, elle constata que deux des malandrins tenaient toujours en respect les passagers et le cocher. Le troisième se rapprochait d'un pas nonchalant. Sûr que sa proie ne lui échapperait pas, il ne voyait sans doute pas la nécessité de se presser.

– Écoute-moi attentivement, ordonna la lutine. Je n'ai pas le temps de t'expliquer pourquoi ni comment, mais ton médaillon ne te donne pas seulement le pouvoir de passer dans mon monde. D'ici, tu peux te servir des objets qui se trouvent là-bas... Tu comprends ?

– Euh... non, balbutia Adel.

– Tu es sûre ? Tu n'as jamais *senti* des choses que tu ne voyais pas ?

– Si, une fois, répondit la fillette. Une branche d'arbre. Je me suis demandé d'où elle venait...

– Ça suffit, la coupa Aeilin. Plus tard, les commentaires... Concentre-toi. Pense à une arme, quelque chose qui te permettrait de vaincre ce gros porc puant. Tu tâtes l'air, comme ça – de ses doigts fluets, elle esquissait un geste enveloppant – et tu saisis fermement le premier objet dur que tu sens. D'accord ?

– D'accord, chuchota Adel, complètement dépassée par la tournure que prenaient les événements.

Fermant à demi les yeux, elle avança sa main gauche devant elle. La bise coupante glaçait sa peau. Tout d'abord, elle ne sentit rien, puis une curieuse sensation de chaleur irradia dans sa paume.

– C'est ça, souffla Aeilin. Maintenant, pense à une arme... une arme puissante ! Dangereuse ! Et dépêche-toi, il arrive !

Adel leva la tête. Ce qu'elle vit suffit à réduire sa concentration à néant : le bandit avait détaché de sa ceinture un fouet court, un nerf de bœuf dont il fit claquer plusieurs fois la lanière de ficelle tressée.

– Je vais te donner une bonne correction ! hurla-t-il, hilare. Petite peste ! Les fesses vont t'en cuire, je te le promets !

À ces mots, une colère aveugle s'empara de la fillette. Elle revit l'affreuse Mlle Lelonbec, armée de la badine avec laquelle elle châtiait, à la moindre faute, les orphelins ; elle entendit les pleurs des enfants, leurs cris, leurs supplications qui semblaient accroître le plaisir que la mégère prenait à administrer, elle aussi, « une bonne correction ». Elle se souvint de la douleur et de l'humiliation, des nuits sans sommeil, de la toile de sa chemise qui collait aux plaies de son dos à vif.

Elle poussa un cri sauvage et se dressa, la main tendue ; projetant sa volonté vers le monde d'Aeilin, si lointain et pourtant si proche, elle referma ses doigts sur un solide manche de bois recouvert de cuir.

La bouche ouverte sur un hoquet de surprise, le brigand s'immobilisa, mais trop tard.

Surgissant de nulle part, un long fouet, dont la mèche se détendait telle la tête d'un serpent venimeux, venait d'apparaître dans la main de la fillette.

Le manche devait mesurer un bon mètre, et l'épaisse lanière qui la prolongeait, plus de trois ; pourtant Adel n'en sentait pas le poids et maniait l'arme avec facilité.

La lanière s'enroula en sifflant autour des jambes de l'homme qui tomba sans un cri. Sa tête heurta un rocher et il resta étendu sans connaissance.

Ses deux compagnons, alertés, abandonnèrent le véhicule et passèrent à l'attaque avec des exclamations de rage.

La danse du terrible fouet recommença : des hurlements de douleur retentirent. Très vite, les brigands renoncèrent. Leurs vêtements étaient lacérés et leur peau se marbrait de longues traînées sanglantes. Sans se concerter, ils firent demi-tour et s'enfuirent de toute la vitesse de leurs jambes.

Un peu essoufflée, Adel laissa retomber son bras. Elle ressentait une intense jubilation qui se mêlait d'un peu de crainte : parviendrait-elle toujours à maîtriser le pouvoir que lui donnait le médaillon ? Un picotement dans ses doigts l'incita à baisser le regard : aussi mystérieusement qu'elle était apparue, l'arme d'un autre monde s'était évanouie.

Peu à peu, elle prit conscience qu'un silence pesant l'environnait. Elle releva la tête.

Les voyageurs et le cocher, figés comme des statues de cire, la fixaient avec horreur.

5

– Tu n'avais pas le choix, dit Aeilin.

Adel ne répondit pas. Recroquevillée contre le mur d'une grange en ruine, dont le toit en saillie les protégeait un peu de la pluie battante, elle regardait le bras de mer. Les eaux grises, fouettées par le vent, se hérissaient de crêtes couronnées d'écume blanche. Au loin, le vapeur fendait pesamment les flots en direction de la digue ; de minuscules silhouettes, pas plus grosses que des fourmis, s'activaient à son approche.

– Tu ne pouvais pas rester avec eux, insista la lutine. J'ai vu dans leurs yeux qu'ils t'auraient fait du mal. Je ne sais pas pourquoi, d'ailleurs. Qu'y a-t-il de mal à se défendre ? Tu les as sauvés ! Et pour tout remerciement, ils t'ont traitée de... de quoi, déjà ?

– De sorcière, murmura la fillette avec lassitude.

– Sorcière, répéta Aeilin. Encore un mot que je ne connais pas.

– Ils ont pensé que j'étais possédée du démon.

– Démon ? Qu'est-ce que c'est ?

– C'est le mal. Enfin, il paraît. Moi, je n'y crois pas. Mais la plupart des gens, si. C'est tellement plus simple ! Comme ça, pas besoin de se poser de questions...

À l'horizon, quelques lumières éparses clignotaient dans la brume. La Suède et, plus loin encore, la Norvège. Le pays où ses parents avaient disparu, où elle avait si fort espéré retrouver une trace, un indice. Comment y parvenir à présent ? Elle n'avait plus ni argent ni papiers. Son bagage était resté dans la voiture, avec les malles contenant le trousseau de mariée de la pauvre Dorothée... Au moins, Adel n'aurait plus à subir les criailleries de la grosse Mme Van de Poot. Mince consolation si elle considérait sa situation actuelle !

Le pire, c'était la trahison de Hieronymus. Quand les bandits s'en étaient pris aux voyageurs, il était resté dans son coin, blême, cramponné au pommeau d'ivoire de sa canne qu'il protégeait de ses deux mains comme si la tête de chien avait été celle d'un enfant nouveau-né. Ensuite, elle l'avait perdu de vue, mais au moment où le fouet géant se rétractait dans la paume de la fillette, le précepteur s'était dressé, sortant de sa torpeur, la bouche ouverte sur un hurlement effrayant.

– Loin de moi ! avait-il braillé. Je ne le ferai pas ! Vous ne pouvez pas m'y obliger !

D'un geste inattendu, il avait jeté le luxueux objet qui semblait lui inspirer tant de fierté et avait marché sur Adel, les yeux fous.

– Allez-vous-en ! Partez ! Que je ne vous revoie plus... Plus jamais ! Vous m'entendez ? Plus jamais vous ne devez essayer de m'approcher !

– Sorcière ! criaient les femmes à peine remises de leur frayeur. Vous avez vu ? Vous avez vu ce qu'elle a fait ? C'est de la magie noire !

Elles s'étaient signées, puis détournées avec des mines dégoûtées. Décontenancée, Adel avait fait un pas vers celui qu'elle croyait son ami.

– Tu n'as pas entendu ? Va-t'en, maudite ! avait-il vociféré.

Et, ramassant une motte de terre durcie, il l'avait lancée vers elle. Le projectile s'était écrasé sur l'épaule de la fillette, la couvrant d'une poussière brune.

Alors elle s'était enfuie. Toute la nuit et tout le jour suivant, elle avait marché, suivant la route à quelque distance, se jetant à terre quand passait un attelage, trébuchant dans les congères, affamée, transie. Sans Aeilin, elle aurait renoncé et se serait couchée dans un taillis, en attendant que la mort veuille bien venir la prendre. Mais la petite créature l'avait houspillée, encouragée, pincée quand elle la sentait prête à céder à l'épuisement. Perchée sur l'épaule d'Adel, elle avait chanté à son oreille des mélodies sautillantes et lui avait conté cent histoires plus abracadabrantes les unes que les autres.

Et elle avait réussi, dans une certaine mesure : toutes deux étaient parvenues jusqu'à l'embarcadère. Mais – la petite princesse des Morganès le sentait – Adel était à bout de courage.

– Les autres ont traversé hier, argumenta-t-elle. Personne ne fera attention à toi. Il faut trouver un moyen de monter à bord, c'est tout.

La fillette leva les yeux au ciel.

– Tu en as de bonnes ! Je n'ai pas de billet. Personne ne m'accompagne...

– Merci, fit Aeilin, vexée. Et moi ?

– Personne de *présentable*.

Elle enfouit son visage dans ses mains et éclata en sanglots. Aeilin, qui était sortie de sa cachette pour s'installer plus commodément sur les genoux d'Adel, la regarda avec perplexité. Puis, une idée lui venant, son visage s'illumina.

– Suis-je bête ! Tu as faim ! Comme vous êtes peu endurants, vous autres humains ! Nous, les Morganès (elle bomba le torse), pouvons cheminer près d'une lune sans absorber autre chose que quelques gorgées d'eau de rivière et une poignée d'herbes, mais ça n'a pas l'air d'être votre cas.

Elle tapota la joue de sa compagne.

– Quand tu auras mangé, tu iras bien mieux et nous pourrons dresser des plans.

Adel releva la tête et dévisagea, stupéfaite, l'étrange créature. Visiblement, elle ne savait si elle devait rire ou pleurer.

– Quand j'aurai mangé *quoi* ?

Elle montra le paysage désolé.

– Tu vois une auberge dans les environs ? Ou peut-être vas-tu sortir de ton jupon une batterie de cuisine au complet et un poulet déjà plumé ?

Aeilin toussota.

– Eh bien... Si j'avais réfléchi, tu comprends, je te l'aurais dit plus tôt, mais...

– Qu'est-ce que tu m'aurais dit plus tôt ? interrogea Adel d'une voix sèche.

– Mon père et les autres n'en ont jamais vraiment parlé, mais... Tu as trouvé une arme dans mon monde. Pourquoi ne pourrais-tu pas y dénicher de la nourriture ?

Adel ouvrit la bouche comme pour laisser libre cours à sa colère... et éclata d'un rire inattendu.

– Tu as raison ! Moi aussi, j'aurais dû y penser.

– On essaie ? Tout de suite ?

– Et comment !

Plissant les paupières dans un intense effort de concentration, la fillette écarta les doigts et commença à explorer l'air froid et humide. Aucun malandrin n'était à ses trousses à cet instant, aussi eut-elle le loisir de s'attarder aux sensations qui naissaient dans le creux de sa paume et se diffusaient dans chacune de ses phalanges. Palper le vide était décourageant : mais peu à peu, celui-ci semblait gagner en densité. Oui, il y avait *quelque chose* là, tout près d'elle ; prudemment, elle en caressait les contours sans en reconnaître la forme. Trop vite, elle voulut capturer l'objet et referma la main, mais sa proie se déroba tandis que la chaleur qui l'avait envahie refluait.

– Ne te presse pas tant, chuchota Aeilin. Concentre-toi sur ce que tu voudrais manger... Ton désir conduira ta main. Les Anciens l'ont dit, je m'en souviens.

– J'ai tellement faim que je dévorerais n'importe quoi, soupira Adel.

– Je ne sais pas, moi ! Pense à ton plat préféré !

– Un ragoût de lièvre... La cuisinière de mes parents le réussissait à la perfection. Je n'en ai goûté qu'une seule fois... Elle y mettait des champignons et du lard coupé en tranches très fines, avec une sauce brune, épaisse... C'était délicieux.

Là ! Elle sentait une masse élastique... C'était doux et tiède... Sans s'interroger plus avant, elle assura sa prise et ramena sa main à elle.

Aeilin poussa un cri. Adel lui fit écho... et lâcha brusquement le lapin qu'elle tenait par les oreilles. L'animal affolé détala, puis disparut dans les herbes qui croissaient le long de la rive.

– C'est malin, constata la fillette, hargneuse.

– Je n'y suis pour rien, répliqua Aeilin. C'est toi qui as parlé de lièvre...

– Il manquait juste la marmite, les herbes et un feu pour le rôtir, soupira Adel. Plus le courage nécessaire pour lui tordre le cou... Pauvre lapin ! Il doit se demander où il est ! Et nous voici revenues à notre point de départ : nous allons mourir de froid et de faim dans cet endroit sinistre.

L'appel strident d'une sirène retentit alors et

Aeilin, qui n'avait rien perdu de sa combativité, tira Adel par la manche.

– Arrête de t'apitoyer sur toi-même ! Le bateau va partir. C'est notre seule chance.

Elle grimpa à nouveau dans la poche de la jupe et ordonna, comme si elle s'adressait à un cheval rétif :

– Avance !

Sur l'embarcadère, la bousculade était à son comble. Deux robustes paysannes de Scanie[1], vêtues de jupes rouges froncées et de corsages dont les plastrons brodés de perles proclamaient leur prospérité, étaient entrées en collision, aucune ne voulant céder le pas à l'autre pour monter à bord ; les lourds paniers qu'elles portaient s'étaient renversés. Un certain nombre de poules s'en étaient échappées et couraient en tous sens, caquetant et gloussant, tandis que les maris respectifs de leurs propriétaires tentaient de les rattraper. Au milieu d'une flaque d'œufs fracassés, les matrones s'invectivaient avec de grands gestes, sans égard pour les couvre-chefs des passagers qui passaient à proximité. Un monsieur bien mis vit son huit-reflets choir dans l'omelette et exprima à haute voix son mécontentement. Bien mal lui en prit, car les deux adversaires se réconcilièrent

1. Scanie : région fertile du sud de la Suède.

aussitôt à ses dépens et le couvrirent d'injures sonores.

– C'est le moment, murmura Aeilin. Engage-toi sur la passerelle tranquillement, comme si de rien n'était. Si quelqu'un tente de t'arrêter, tu n'as qu'à dire que tu vas rejoindre ta mère, ou ton père...

– Je ne parle ni allemand ni suédois, lui rappela Adel.

– Alors, fais l'idiote ! Je suis sûre que tu t'en tireras très bien !

Cette dernière saillie fit taire la fillette qui obéit et s'approcha du bateau dont les flancs rebondis semblaient prêts à éclater sous la pression de son chargement. Des enfants, des chiens, des oies, des parapluies, des nasses contenant des poissons, des tonnelets de bière, des paquets de cordages, des rouleaux de toile, des caisses de tabac, des roues de fromage, des sabots attachés en grappe, des écheveaux de laine ou de lin, des paniers d'écorce, de petits chevaux de bois peints de vives couleurs, des peaux de mouton, tout ce qu'on peut transporter, convoyer, pousser ou rouler semblait rassemblé là, dans le brouillard humide qui se condensait en gouttelettes sur les bonnets de fourrure et les ailes blanches des coiffes de toile. Des jeunes gens arpentaient le pont en se tenant par la taille ou le bras ; des négociants conversaient avec gravité, leurs longues pipes de bois sculpté s'inclinant et se relevant au rythme de leurs hochements de tête. Les femmes échangeaient des exclamations par-dessus la tête de leurs compagnons. Certaines, déjà installées sur un coin de pont, sortaient de leur baluchon des cruchons de grès et des saucisses fumées dont l'odeur fit presque défaillir Adel.

Comme Aeilin l'avait prédit, elle n'eut aucun mal à monter à bord. Les fonctionnaires chargés de contrôler les billets étaient débordés et nul ne lui prêta la moindre attention. La tête baissée, la fillette suivit sur quelques mètres la famille d'un pasteur, puis obliqua dans une coursive, monta une échelle de fer et déboucha enfin sur un pont où des canots de sauvetage, bien arrimés entre leurs bossoirs, s'alignaient comme des berceaux vides. Elle se glissa sous l'un d'eux et glissa sa main dans la poche de sa jupe pour permettre à Aeilin de sortir à l'air libre.

– On ne peut pas rester ici, chuchota-t-elle. Je gèle.

– Oui, mais c'est tranquille, remarqua la lutine après avoir inspecté les lieux. Attends un peu. Je vais partir en reconnaissance et te ramener quelque chose à manger.

– Pas question ! s'écria Adel. Tu vas te faire prendre ! Ils t'enfermeront dans une de ces grandes cages d'osier, avec les volailles...

– Pour qui me prends-tu ? Nous autres, les Morganès...

– Aeilin, tu ne connais rien de ce monde. Et si tu es capturée, je perdrai la seule amie qui me reste.

En prononçant ces mots, Adel sentit sa gorge se nouer. C'était vrai : elle s'était attachée à l'étrange petite créature.

– Ne t'en fais pas, repartit Aeilin, désinvolte. Tu ignores de quoi je suis capable !

Preste comme une anguille, elle se faufila sous les cordages et disparut avant qu'Adel ait pu élever la moindre protestation.

Un quart d'heure plus tard, elle était de retour, courbée sous le poids d'un baluchon noué d'un mouchoir d'homme, dont le volume excédait presque sa rondelette personne. Elle laissa choir son fardeau aux pieds d'Adel et poussa un soupir de satisfaction.

– Là ! Un morceau de saucisse, du fromage et un bout de galette. Avec tous ces paniers posés par terre, il n'y a qu'à se servir.

– Personne ne t'a vue ? interrogea la fillette qui salivait déjà.

– Si, une grande femme en noir. Elle s'est mise à crier : « Un tomte[1] ! Un tomte ! », mais personne n'y a fait attention, sauf un marin qui lui a rétorqué : « S'il y a un tomte à bord, alors la traversée sera bonne ! Le Petit Peuple déserte les bateaux qui vont couler ! » Et tout le monde a ri. Je me demande, poursuivit-elle pensivement, de quel petit peuple il voulait parler. J'ai peut-être des cousins dans ton monde ? J'aimerais assez les rencontrer. Mais assez parlé ! Viens, j'ai trouvé un meilleur endroit...

Elles s'installèrent pour manger sous un petit escalier qui menait à la timonerie. On y avait remisé des caisses entre lesquelles elles se ménagèrent un abri, sinon confortable, du moins protégé des regards. Il y faisait chaud, presque trop ; Adel ôta son manteau et son fichu, sur lesquels elle s'assit, jambes croisées.

– Comme j'aimerais dormir un peu ! soupira-t-elle. Mais je ne sais pas combien de temps dure la traversée. Si je m'assoupis, je risque d'être découverte à l'arrivée.

1. Tomte : lutin des légendes nordiques.

– Je veillerai, promit Aeilin. Dès que nous accosterons, je te préviendrai.

Adel se sentit submergée par la reconnaissance. La nourriture, la chaleur, la sensation d'être en sécurité, fût-ce provisoirement, tout cela agissait sur ses nerfs surmenés comme aurait pu le faire une potion calmante.

– Merci, chuchota-t-elle. Pour tout.

– C'est rien, marmonna Aeilin, la bouche pleine de saucisse. Si tu savais comme je m'amuse !

Autour d'elles, le vapeur grondait comme un monstre au repos ; puis une sourde vibration ébranla le sol.

– Nous partons, dit Adel.

Elle se leva pour regarder par le hublot.

– Je veux voir, moi aussi, protesta la lutine.

– Excuse-moi.

La fillette se pencha et aida la petite princesse à se hisser sur son épaule gauche. Quand elle se releva, le bateau s'écartait du quai.

C'est alors qu'un mouvement, à la limite de son champ de vision, attira son attention. Deux employés en uniforme barraient le passage à un individu qui, semblait-il, voulait sauter à bord. Visiblement très en colère, il les apostrophait, ponctuant son discours de gestes véhéments.

– Celui-là n'a pas eu de chance, commenta Aeilin. Il est arrivé trop tard... Eh ! Qu'est-ce qui t'arrive ?

Pâle jusqu'aux lèvres, Adel s'était jetée à genoux et pressait son visage contre la cloison de métal froid.

– C'est lui, gémit-elle. Le boiteux ! Il m'a retrouvée !

6

Sven Gunnarsson était content de lui. À la fabrique d'allumettes, on lui avait donné sa paie de la semaine, plus une modeste gratification pour avoir sauvé le chat roux du contremaître, le gros Holger Petersson, des mâchoires d'un chien errant. Il pourrait payer son loyer en retard et, qui sait, s'accorder le luxe d'une partie de dés avec d'autres garçons de l'atelier. La lanterne qu'il tenait à la main projetait une lueur ambrée sur la neige ; il marchait d'un bon pas, tout en faisant tinter les pièces au fond de sa poche. On était samedi, et sa logeuse, la vieille *fröken*[1] Jonsdotter – que l'on appelait ainsi pour la distinguer de sa sœur cadette, *fröken* Selma, si bien que personne ne

1. *Fröken* : mademoiselle, en suédois.

se souvenait plus de son prénom – devait avoir préparé son plat préféré : le *pyttipanna*, un savoureux ragoût de bœuf et d'oignons, servi avec une platée de pommes de terre, des œufs frits et une salade de betteraves. Après avoir réglé sa note, il se sentirait plus à l'aise pour en quémander une deuxième portion... dans son meilleur français, langue que Mlle Jonsdotter s'échinait à lui enseigner. Et ensuite, il dévorerait bien deux ou trois crêpes aux airelles avec un bol de punch chaud... Quel délice !

Tout à ces savoureuses perspectives, le jeune garçon ne remarqua pas qu'il s'était trompé de chemin. Il est vrai qu'à cette heure et en cette saison, les rues de Jönköping se ressemblaient toutes : froides, noires et silencieuses. Les habitants se terraient chez eux, autour du poêle, ou s'assemblaient dans les tavernes, devant un bol de soupe aux pois jaunes arrosé de force verres d'aquavit. Autour de la ville, la campagne du Småland, plate et désolée, dormait sous sa blanche vêture d'hiver ; lacs et tourbières étaient gelés. Le long hiver nordique durerait encore des mois, et les humains, comme les animaux, ne s'éloignaient guère du foyer quand ils pouvaient faire autrement, car de sa chaleur dépendait leur survie.

Sven sifflotait gaiement. Pour la première fois de sa courte existence – il avait seize ans, du moins pour ce qu'il en savait, car un enfant trouvé porte rarement sa date de naissance inscrite sur ses langes –, la chance lui souriait. Il avait un bon travail, de bons amis, un logement agréable. Contrairement à beaucoup d'autres, il n'avait pas à craindre de manquer de pain ou de devoir errer sur les chemins, exposé aux rigueurs de la saison.

Errer sur les chemins... Il frissonna et jeta un coup d'œil sur sa gauche, vers les hauts talus sablonneux qui protégeaient les rives du Vättern, le lac au bord duquel s'élevait la ville. La nuit était obscure, sans aucune étoile, mais il lui sembla que les cheminées de la fabrique d'allumettes s'offraient à sa vue selon un angle inhabituel.

« Quel idiot ! J'ai tourné une rue trop tôt, se dit-il. Le *pyttipanna* va refroidir... »

S'il faisait demi-tour, oui. Mais il pouvait aussi emprunter le petit passage qui longeait les bâtiments de la brasserie Nilsson. L'endroit avait mauvaise réputation, d'honnêtes pères de famille y ayant perdu bourse et montre au sortir de réunions amicales qui s'étaient prolongées tard dans la soirée ; et Sven portait sur lui toute sa fortune. Le garçon hésita, toucha une fois encore, au fond de sa poche, les pièces dont le métal, au contact de son corps, avait tiédi. Une assiette de *pyttipanna* brûlant valait-elle la peine de prendre un tel risque ? Son bon sens l'engageait à tourner les talons, à retourner vers les rues du centre-ville, sinon fréquentées, du moins éclairées de loin en loin par un réverbère ; mais la gourmandise fut la plus forte et il s'engagea dans l'étroite venelle, dont les ténèbres se refermèrent sur lui.

Il n'avait pas fait dix pas qu'il perçut une présence. Alarmé, il s'immobilisa. C'était bien sa veine ! Un malandrin le guettait sous le vieux porche de la brasserie, celui qui ne servait plus depuis qu'on avait aménagé, de l'autre côté, un accès plus commode, où deux chariots pouvaient s'engager de front. L'ancienne ouverture avait été condamnée avec des planches, mais la voûte élevée offrait un abri suffisant pour qu'un homme pût s'y dissimuler. Sven écarquilla les yeux : ce tas de guenilles, dans le renfoncement... Un voleur ? Non. Un ivrogne ? S'il était tombé là, fin soûl, il ne donnait pas cher de sa peau : l'aurore, en se levant, le trouverait raide gelé.

– Incroyable ! Cette jeune fille parle français...

Émue, Mlle Jonsdotter caressa le front brûlant, repoussa les mèches de cheveux sombres, puis essuya avec un linge humide le visage de l'enfant inconsciente, qui délirait et prononçait des mots sans suite. Assise dans le fauteuil à bascule installé près de la fenêtre, Mlle Selma tapota sa coiffe de dentelles et fit d'une voix flûtée :

– Cela te rappelle tes jeunes années, ma sœur ?

– Je n'ai jamais oublié le séjour que je fis à Paris, comme institutrice de ces deux enfants, tu te souviens d'eux, Selma ? Le fils et la fille de notre ambassadeur... Bien charmants, ces petits... Et Paris... Quelle ville fascinante ! Un véritable tourbillon de plaisirs et de fêtes...

– Auxquelles tu n'assistais pas, souligna sa cadette.

– J'imitais mes élèves : nous nous cachions sur le palier du grand escalier et regardions par-dessus la rampe les invités circuler dans les salons brillamment éclairés... Ah, ces robes, ces bouquets, cette musique ! Un enchantement, un véritable enchantement... Et cette belle langue française, comme j'ai aimé la parler et l'enseigner ! *Je vous en prie, jeune homme*, minauda-t-elle. *Vos attentions m'importunent...*

Elle pouffa comme une gamine, mais un gémissement, venu du lit, lui rendit son sérieux de garde-malade.

– Pauvre agneau ! Elle a de la fièvre... Je vais essayer de lui faire boire un peu de tisane.

À cet instant, un léger coup fut frappé à la porte.

– Entrez ! dit Mlle Selma sans se lever.

La tête de Sven apparut dans l'entrebâillement.

– Oui, Sven ? Qu'y a-t-il ? interrogea la logeuse.

– Le *pyttipanna*...

– Eh bien ?

– Il est froid. Et le fourneau est éteint, fit le garçon, dépité.

– Rallume-le.

– Je... Je ne sais pas comment m'y prendre.

Mlle Jonsdotter leva les yeux au ciel.

– Seigneur Dieu, quel empoté !

– Tu n'as qu'à manger froid, lança Mlle Selma. T'imagines-tu, mon garçon, que nous sommes à ton service ?

– Tu écoutes trop les discours de ton ventre, Sven ! le taquina sa sœur aînée. *Il faut manger pour vivre et non vivre pour manger*, compléta-t-elle dans un excellent français. Ah, tu ouvres de grands yeux ! Pourtant tu entends le français, bien que tu ne te sois jamais montré très bon élève. Cette jeune fille est française, du moins je le crois. Et très malade. Je dois rester à son chevet pour la soigner, tu le comprends, n'est-ce pas, mon ami ?

De mauvaise grâce, le garçon hocha la tête. Mais avant de refermer la porte, il enveloppa la forme inerte, étendue sous la volumineuse couette de plumes, d'un regard lourd de ressentiment.

– Du *pyttipanna* froid ! marmonna-t-il en descendant l'escalier. Je vous demande un peu ! Si j'avais su, je l'aurais laissée où elle était, cette mendiante... D'ailleurs, qu'est-ce que c'est que ça, une pauvresse qui parle français ? Peut-être une prostituée, une voleuse... Ou pire encore !

Le gros Holger Petersson avait coutume de lire le journal à haute voix, pendant la pause ; et comme ses goûts le portaient vers le sensationnel, il régalait les ouvriers de la fabrique du récit des plus horribles meurtres et catastrophes. Sven avait donc de l'actualité une vision très particulière, qui se limitait à l'atroce description de corps décapités, broyés par la chute d'un immeuble de trois étages, ou de familles entières massacrées à la hache. Justement, la veille, le contremaître les avait tenus en haleine une bonne demi-heure en leur contant comment un jeune vaurien de dix ans – dix ans ! – avait tué son bienfaiteur, un respectable pasteur de Malmö. On savait de source sûre que l'assassin en herbe avait infligé à sa victime, avant de mettre fin à ses souffrances, les tortures les plus raffinées ; leur énumération avait tant impressionné Sven qu'il n'avait pu finir la portion de *suströmming*[1], le casse-croûte qu'il préférait.

– Les demoiselles sont trop confiantes, conclut-il. Un de ces jours, elles se feront égorger dans leurs lits. Heureusement, je suis là, moi, et j'ouvrirai l'œil.

De tout son cœur fidèle et borné – et de son estomac qui criait famine –, Sven Gunnarsson regrettait son geste chevaleresque. Il résolut donc de surveiller de près « la Française ».

« Si elle essaie de... Elle s'en repentira, parole ! »

Sur ce, un peu réconforté malgré le vague de cette promesse, il s'attabla devant le ragoût figé et y plongea sa cuillère.

Sur la route qui mène de Göteborg à Jönköping, deux hommes marchent. Celui qui va en tête, très grand, enveloppé d'une cape noire, claudique légèrement ; il s'appuie à chaque pas sur une canne dont le pommeau d'ivoire figure une tête de dogue. Si les objets pouvaient parler, celui-là exprimerait sa satisfaction : il a retrouvé son maître.

Derrière ce dernier clopine un être falot et gémis-

1. *Suströmming* : hareng fermenté.

sant. Il avance tête baissée et, de temps à autre, tend une main tremblante, comme s'il voulait s'emparer de la canne de son compagnon, mais n'osait achever son geste. Lui n'a pas de manteau pour se protéger des frimas ; il a relevé le col de sa redingote et ses épaules tressautent continuellement. Peut-être pleure-t-il, mais ses larmes gèlent aussitôt sur ses joues, lui imposant un masque de glace.

– Quand allons-nous nous arrêter ? geint-il. Par pitié... Je n'en puis plus.

– Plus tard, répond l'autre, inflexible.

Pourtant il s'est immobilisé, l'œil dilaté, le cou tendu. Que voit-il ? Que sent-il ?

– Vous me suivrez jusqu'au bout, n'est-ce pas, Hieronymus, lâche-t-il.

Ce n'est pas une question, mais la constatation d'un fait.

– Au reste, vous ne pouvez faire autrement. Mon dogue a fait de vous son esclave... *mon* esclave. Ah, notre jeune amie a été bien imprudente, dans sa puérile générosité !

Il tourne la tête à gauche, à droite.

– Elle n'est pas loin... Tôt ou tard, elle sera tentée d'utiliser son médaillon, d'une manière ou d'une autre. L'aérolithe... Je l'ai touché, dans la forêt, il y a bien longtemps de cela. Dans une autre vie. Ce grossier marchand ne savait pas que je l'espionnais. Et la pierre a imprimé sa marque en moi... Je la trouverai, n'importe où.

– Je ne comprends rien à ce que vous dites, pleurniche l'ancien précepteur.

– Parfait. Votre intelligence ne m'est d'aucune utilité. Savez-vous, mon cher, comment on chasse le lion, dans certaines contrées ?

– Non, murmure le petit homme en frissonnant de plus belle.

– On attache une chèvre à un piquet, puis on se cache et on attend bien tranquillement que le fauve se montre. Votre Adel est une jeune lionne ; jusqu'à présent, elle s'est bien battue. C'est pourquoi il faut lui rendre l'hommage de moyens extrêmes. Vous ne devinez pas quel est votre rôle dans cette traque ?

Le bout ferré de la canne entame, sur le sol durci, une petite danse de triomphe.

– Vous serez la chèvre, mon ami...

7

Perçant le brouillard de sa fièvre, Adel discernait des sons, des voix – une femme ? ou deux ? – des silhouettes allant et venant, se penchant sur elle, plus près, toujours plus près, jusqu'à devenir difformes, monstres pâles aux yeux globuleux qui l'entouraient de caresses mouillées et de chuchotis aussi aimables qu'incompréhensibles. Périodiquement, un liquide frais et amer coulait dans sa gorge : ensuite, elle dormait. Dans ses rêves, elle entendait la voix d'Aeilin :

– Dors tranquille... N'aie pas peur... Surtout, ne t'inquiète pas pour moi... Courage, tu vas guérir...

Guérir ? Était-elle donc malade ? Réfléchir à cette question était trop difficile. Elle était si fatiguée... Parfois, en tournant un peu la tête sur l'oreiller, elle croyait voir une silhouette assise qui se balançait d'avant en arrière... d'avant en arrière... encore, et encore, et encore... Cette silhouette lui rappelait une pendule... Quelque part, très loin, le temps s'écoulait. Le plancher craquait, quelqu'un heurtait un meuble. Frôlement de jupes aux plis lourds, tintement d'une cuiller heurtant un verre. Des paroles murmurées. Le doux fredonnement d'une chanson...

Trempée de sueur, la fillette repoussait les draps qui pesaient sur sa gorge. Sa main se refermait sur le médaillon. Chaud, rassurant. Quand elle le touchait, elle entendait les lointains échos d'un air de harpe. Sa mère jouait de la harpe, autrefois... Elle reconnaissait cet air.

– Adel ! Viens danser pour moi, mon bébé ! Je vais jouer « ton » air...

Sa mère en robe blanche, ses longs doigts effleurant les cordes d'où naissaient les sons merveilleux. Le salon, vaste et clair, dont les fenêtres donnaient sur les frondaisons d'un parc où la petite fille se promenait tous les jours...

Un air, *son* air. Adel ne l'avait pas entendu depuis... Si, elle l'avait entendu. Une fois.

Mais où ? Où ?

« Il faut que je le sache... Il faut que je me souvienne. C'est important. »

– C'est important ! criait-elle. Vous comprenez ?

– Oui, ma chérie, je comprends, répondait une voix apaisante. Ne vous agitez pas ainsi. Je vais changer votre linge, vous vous sentirez mieux.

Rafraîchie, couchée dans des draps propres qui sentaient le foin coupé, Adel replongeait dans le sommeil.

– *Hon är vaken*[1] !

Adel cligna des paupières. La femme qui se tenait à son chevet était petite et frêle, ou du moins devait l'être car elle portait tant de vêtements qu'on aurait pu la croire de belle corpulence. De l'ourlet de sa robe dépassaient trois jupons superposés, l'un rouge, l'autre bleu et le troisième d'un blanc immaculé. Sur son corsage, elle avait passé une douillette ornée de rubans ; deux châles s'enroulaient autour de ses épaules et de sa taille. Sa tête était surmontée d'un bonnet à ruchés et des lunettes à monture d'acier chevauchaient son nez fin et busqué comme le bec d'un oiseau moqueur. De sa main décharnée, elle tapota la joue de la malade et réitéra son appel.

– Ma sœur ! Notre petite Française est guérie !

1. « Elle est réveillée ! »

Adel, encore engourdie, jeta un coup d'œil autour d'elle. La chambre où elle était couchée lui était inconnue ; elle n'avait jamais vu ces meubles peints de couleurs gaies, ni le tapis rond qui réchauffait le parquet. Un énorme poêle de faïence occupait tout un pan de mur. Devant la fenêtre voilée de mousseline blanche, un fauteuil à bascule, vide de son occupante, se balançait encore faiblement. Elle regarda ses propres mains, qui sortaient des manches d'une chemise de nuit garnie de volants brodés : elles lui parurent différentes, plus maigres, mais aussi plus longues. Que lui était-il arrivé ? Où se trouvait-elle, et depuis combien de temps ? Sa mémoire refusait obstinément de venir à son secours. Elle se rappelait des jours – Deux ? Dix ? – de marche harassante, le froid qui glaçait ses membres, la faim, la sensation d'être traquée... Et puis, plus rien. Le noir.

– Qui êtes-vous ? balbutia-t-elle.

Sa gorge la faisait souffrir.

– Vous êtes en sécurité, mon enfant. Il faut vous reposer, reprendre des forces.

Cette voix-là, elle la reconnaissait : elle appartenait à la femme qui, de ses mains fortes et adroites, l'avait changée, nourrie, soignée, bordée. Et elle comprenait ces paroles, ce qui l'étonna. Mais pourquoi était-elle étonnée ? N'était-ce pas tout naturel ?

– Voilà une semaine que Sven – notre locataire, qui est aussi notre protégé – vous a trouvée évanouie dans la rue, continuait la femme. Vous étiez en piteux état ! Je suis Mlle Jonsdotter, et voici ma sœur Selma.

– Et... où suis-je ? interrogea la fillette qui cherchait à rassembler ses idées.

– À Jönköping. Ne vous souvenez-vous pas ?

– Jönköping..., murmura Adel.

Elle ferma les yeux.

– Laissons-la dormir, souffla Mlle Selma. Elle est sortie d'affaire, à présent.

À l'instant où la porte se refermait, Adel, comme mue par un ressort, se dressa sur son lit.

« Aeilin ! »

Qu'elle eût oublié l'endroit où elle se trouvait, soit, mais sa minuscule compagne ? Que lui était-il arrivé ? Elle chercha des yeux ses vêtements et ne les vit nulle part. C'était bien ce qu'elle craignait : sa robe devait être sale et déchirée, ces femmes l'avaient brûlée... et la petite princesse n'avait pu s'échapper ! Des larmes coulèrent sur ses joues.

– C'est horrible, sanglota-t-elle tout haut. Pauvre Aeilin ! quelle mort atroce !

– Tu parles de moi ?

Adel sursauta si violemment qu'elle faillit tomber

du lit. L'un des oreillers bougea et la lutine, le visage écarlate, sortit à quatre pattes de sa cachette.

– Ouf ! soupira-t-elle. Il fait une chaleur, là-dessous ! Mais j'étais bien obligée de m'y réfugier chaque fois qu'elles entraient dans la pièce. De braves personnes ! La plus jeune a emporté tes vêtements pour les laver et les raccommoder. Heureusement j'avais déjà quitté ta poche, sinon je lui aurais fait une peur bleue. Je ne suis pas sûre qu'elles croient aux tomtes, ces deux-là.

Elle démêla ses cheveux ébouriffés et s'assit sur le matelas, jambes croisées.

– Allez, recouche-toi ! jeta-t-elle, autoritaire. Je tiens à ce que tu sois sur pieds au plus vite, car la vie dans cette maison manque de variété. Cuisine, tricot et lecture d'un gros livre très ennuyeux qu'elles appellent la Bible. J'ai hâte de repartir.

Adel, obéissante, tira la couette jusqu'à son menton.

– C'est bien, approuva la petite princesse avec gravité. J'arriverai à faire quelque chose de toi, si le temps nous est donné d'une assez longue fréquentation... Je te laisse, à présent ; j'ai trouvé un conduit de cheminée désaffecté qui mène directement à la cuisine. Et j'ai un petit creux.

Elle sauta sur le sol et s'éloigna en se dandinant.

Mais avant de se glisser dans le conduit de cheminée, dont la bouche mal scellée était dissimulée par un paravent, elle se retourna.

– Au fait, le garçon, Sven... Oui, celui qui t'a sauvé la vie quand tu étais à deux doigts de mourir de froid, et moi avec. Il ne t'aime pas, je préfère t'en avertir. Je l'ai entendu dire de drôles de choses, le soir, quand il se croit seul dans sa chambre. Un bon conseil : méfie-toi.

Sur ces mots, elle disparut.

Le village d'Aarwald, si paisible en temps ordinaire, bruissait d'une animation insolite. Le vieux baron, que certains croyaient depuis longtemps trépassé – ne se terrait-il pas toute l'année au fond de son château, sans jamais mettre le nez dehors, et n'avait-il pas atteint, aux dires du père Müller, l'horloger, qui savait calculer et connaissait sa généalogie sur le bout des doigts, l'âge incroyable de cent douze ans ? –, avait brusquement décidé de partir en voyage. L'antique carrosse qui dormait depuis près de vingt ans dans les écuries désertées avait été attelé à une paire de bœufs et traîné chez le charron, qui employait toute sa science à le réparer. On avait fait quérir le marchand de chevaux, sommé de livrer au plus vite quatre forts postillons ; des bagages frappés des armoiries de la maison d'Aarwald, qui avaient bien besoin de doublures neuves, avaient, chez le sellier, pris le pas sur les autres commandes. Un bottier s'était présenté au château, ainsi qu'un tailleur, un gantier, un mercier et d'autres personnages moins considérables, mais qui laissaient toujours entre les murs épais de la forteresse le contenu des besaces gonflées qu'ils portaient en y entrant. Des messagers, à n'importe quelle heure, franchissaient le pont-levis, puis s'en retournaient, galopant à bride abattue. Les cuisiniers étaient sur les dents : il fallait préparer force pâtés d'anguille et de lapin, mettre en bocaux fruits et fromages, enfermer dans des flacons scellés les meilleurs crus de la cave. Toutes ces provisions s'entassaient à mesure dans de grands paniers d'osier. Les lingères n'étaient pas moins occupées : plus question de bavarder en tirant l'aiguille, de faire durer une reprise ou un ourlet jusqu'à l'heure où les gars du village, revenant des champs, les attendraient à la grille du parc ! De l'aube au crépuscule, elles montaient et descendaient les escaliers, ouvrant les profondes armoires où dormaient fracs, pelisses et pèlerines, aérant, brossant, lavant, repassant, et ravaudant une invraisemblable quantité de bas de soie.

À la veillée, il n'était plus question que du voyage du baron. Seule une destination lointaine pouvait, disait-on, justifier des préparatifs aussi extraordinaires. Nul ne s'intéressait plus aux combats de dindons qui avaient, une saison entière, enflammé les parieurs, ni aux histoires que contaient les grands-mères. Certains affirmaient que le seigneur des lieux méditait de s'embarquer pour l'Amérique ; d'autres penchaient pour la Chine, à moins que ce ne fût l'Australie, où pour un lopin de terre on pouvait encore aller se faire dévorer par les sauvages. Mais les valets du château restaient bouche cousue, et bientôt les curieux en furent réduits à supputer les raisons, forcément inavouables, de tous ces mystères. Car le baron n'avait pas bonne réputation : des jeunes gens entrés à son service avaient disparu sans laisser de traces, des fillettes parties au crépuscule à la recherche d'une brebis égarée n'étaient jamais revenues. Certains soirs, des lueurs rouges embrasaient le ciel au-dessus des tours. D'où venaient-elles ? Quel feu brûlait dans les souterrains de la vieille forteresse ? Se pouvait-il que, comme d'aucuns le chuchotaient, le seigneur d'Aarwald se livrât à un coupable commerce avec le Malin ?

Le jour fixé pour le départ arriva. Mais les badauds qui, dès l'aube, s'étaient rassemblés le long des douves en furent pour leurs frais de patience : la lourde porte restait obstinément fermée. Enfin, vers huit heures du soir, alors que les estomacs commençaient à gronder, un grincement lugubre se fit entendre. Les battants pivotèrent sur leurs gonds rouillés, et un carrosse aux rideaux tirés, noir comme la nuit, jaillit dans la lueur des torches. Quatre chevaux à la robe d'ébène l'emportaient au grand galop. Ces coursiers à la puissante encolure n'avaient que peu de points communs avec les placides frisons amenés la veille par un maquignon des alentours. Leurs naseaux rougeoyants semblaient souffler des flammes, et des gerbes d'étincelles crépitaient dans la nuit quand les fers de leurs sabots heurtaient les pavés. Les villageois rentrèrent chez eux, branlant du chef et se signant : pas de doute, cet homme-là avait partie liée avec le démon. Qu'il parte donc à l'autre bout de la terre, si ça lui chantait ! Il n'y aurait personne, à Aarwald, pour le regretter.

8

– Adel ! Réveille-toi !

Adel battit des paupières et se redressa sur un coude. Une lueur laiteuse filtrait entre les rideaux tirés, s'attardait au plafond, mais ce n'était que le reflet de la neige qui continuait à tomber, poudrant les vitres et recouvrant, dans le jardinet, arbustes et buissons d'un épais bonnet blanc.

– Qu'est-ce que tu veux, Aeilin ? grogna-t-elle. Je dors ! Tu ne peux pas te tenir tranquille une minute ?

La petite créature perchée sur la table de chevet croisa les bras et fit la moue.

– À ton aise ! Si tu tiens à rencontrer ton cher boiteux en tête à tête, et ce pas plus tard que tout à l'heure, tu n'as qu'à te rendormir tranquillement. Je me garderai bien de te déranger !

Arborant une mine offensée, elle serra les lèvres et se détourna. En toute autre circonstance, Adel aurait jugé son attitude cocasse et se serait esclaffée ; mais les mots qu'elle venait d'entendre lui avaient ôté l'envie de rire.

– Tu as dit... le boiteux ?

– Je n'ai rien dit, s'obstina la lutine avec une feinte désinvolture.

– Aeilin ! S'il te plaît !

– Bon, d'accord.

Elle sauta sur l'oreiller.

– Sven l'a vu, il est en ville. Il pose des questions : quelqu'un aurait-il remarqué une jeune fille voyageant seule ? Il donne de toi une description qui laisse à penser qu'il connaît ton identité d'emprunt. Les vêtements, la taille, et même la couleur des cheveux – tout y est.

– Mais comment a-t-il pu savoir...

– Ça, je l'ignore. Et ce n'est pas tout : un homme mystérieux est arrivé hier à l'auberge de La Grue Couronnée. Il a réservé la meilleure chambre et s'y est enfermé, si bien que personne ne peut dire à quoi il ressemble. Comme il voyage dans un carrosse fermé, peint en noir et tiré par quatre chevaux noirs, les gens d'ici ont déjà commencé à faire marcher leurs langues : c'est le diable, ou l'un de ses acolytes, prétendent-ils.

– Quel rapport avec moi ?

– Le boiteux s'est rendu à l'auberge où il s'est entretenu pendant deux heures... avec qui, à ton avis ?

Adel, accablée, se laissa retomber sur son oreiller.

– Ce n'est pas le moment de paresser, la morigéna Aeilin. Lève-toi et habille-toi, on s'en va.

– Mais pour aller où ?

– Nous aviserons. L'urgent, c'est de filer d'ici : Sven pense que tu fais partie d'une bande de cambrioleurs et que les deux autres sont tes complices ! Il a l'intention de te dénoncer à la police. Ce garçon parle tout seul avant de se mettre au lit : il n'était pas bien difficile de percer ses intentions ! Quels idiots vous faites, vous, les humains !

Elle s'accroupit à la hauteur du menton de la fillette et dit avec gravité :

– Écoute bien. J'ai réfléchi : la seule solution, c'est de retourner dans mon monde. Tu y seras à l'abri de ceux qui te poursuivent.

– Si je pouvais me rendre dans ton monde à volonté, tu ne crois pas que j'aurais déjà essayé ? ironisa Adel. Voilà un talent qui m'aurait évité pas mal de désagréments... Or, chaque fois que c'est arrivé, ça s'est fait... tout seul. Je ne contrôle pas le pouvoir de ce maudit médaill...

– Chut, souffla la lutine en lui posant une main sur la bouche. On en parlera plus tard. Moi, je suis sûre que tu peux y arriver. Allez, debout ! Tes vêtements sont dans ce coffre, sous la fenêtre. J'ai vu Mlle Selma les ranger après les avoir lavés et raccommodés. L'aube va poindre... et les ennuis avec, j'en ai bien peur, si tu ne te décides pas.

Adel descendit l'escalier à pas de loup. Une marche disjointe craqua sous son poids ; elle s'immobilisa aussitôt, le cœur battant la chamade. Si les demoiselles Jonsdotter allaient se réveiller ? Aucun bruit ne lui parvenant, elle reprit sa progression et suivit le couloir qui menait à la cuisine.

– C'est ça, lui souffla Aeilin qui avait repris sa place habituelle et se cramponnait au rebord de sa poche. La porte de derrière est rarement fermée, et j'ai vu où elles rangent la clef.

– J'aimerais leur laisser un mot, chuchota Adel. Pour les remercier.

– On va perdre du temps...

– Je ne peux tout de même pas disparaître, tout simplement ! Ce ne serait pas poli.

Dans la cuisine, le poêle rougeoyait encore et projetait, sur les murs où était accrochée une rangée de casseroles en cuivre, des lueurs mourantes.

– Toi qui connais chaque recoin de cette maison, peux-tu me dire où je trouverai du papier et un crayon ? s'enquit Adel.

Aeilin soupira.

– Tu es plus entêtée qu'une mule rouge ! Mlle Jonsdotter garde son livre de recettes dans ce tiroir ; elle ne cesse d'y griffonner je ne sais quoi. Non, pas celui-là !

Adel ouvrait et fermait l'un après l'autre les tiroirs de la longue table de bois blanc. Enfin, elle trouva ce qu'elle cherchait : un cahier recouvert de toile cirée, débordant de feuilles manuscrites. Un crayon y était fixé au moyen d'une ficelle. Elle allait saisir l'objet quand une voix courroucée s'éleva derrière elle.

– Sale voleuse ! Je le savais !

Sven bondit sur la fillette, lui immobilisant les deux bras. Elle se débattit.

– Lâche-moi, idiot ! Je ne suis pas une voleuse !

– Ah oui ? ricana-t-il. Alors pourquoi farfouillais-tu dans *la* tiroir où *fröken* Jonsdotter garde l'argent du ménage ?

– Je l'ignorais !

– À d'autres ! Et n'essaie pas de me griffer, saleté ! Je vais te ligoter à *ce* chaise, puis j'irai prévenir les *konstapel*[1]. La maison de correction, voilà ce qui t'attend !

Adel vit rouge. Être à nouveau enfermée, houspillée, contrainte – pas question ! Elle gigota de plus belle, mais le garçon était solide et rompu aux travaux de force : il ne relâcha pas sa prise. Elle essaya de lui donner des coups de pied par-derrière, qu'il esquiva en riant de plus belle.

« Je vais hurler, décida Adel. Les demoiselles seront alertées par le vacarme, elles viendront voir ce qui se passe. Peut-être m'écouteront-elles. »

Elle ouvrait la bouche quand elle entendit Sven pousser un glapissement de douleur ; au même instant, les mains qui la tenaient glissèrent de ses épaules. En se retournant, elle vit Aeilin debout à côté du pot à sel, une fourchette à la main. Elle venait d'enfoncer l'instrument dans les fesses de Sven et semblait fort contente d'elle-même.

Le garçon gémissait et la regardait, les yeux écarquillés.

– Un tomte, bégaya-t-il, un tomte !

– Exactement ! vociféra la petite princesse. Et, comme tous les tomtes, je ne supporte pas l'injustice, Sven Gunnarsson ! Assieds-toi !

---

1. *Konstapel* : gendarmes.

– Je... je ne peux pas, fit l'interpellé, piteux. Tu m'as fait mal !

– Tu l'as mérité ! Ne bouge pas, je t'ai à l'œil ! Et ouvre toutes grandes tes oreilles de benêt ! Ces deux hommes, à La Grue couronnée...

– Ses complices ? interrogea l'apprenti justicier qui jeta à Adel un regard plein de ressentiment.

– C'est ce que tu crois, sot que tu es ! Âne bâté ! Oisillon sans cervelle !

« Elle y va fort », songea la fillette.

Mais Sven, fasciné et effrayé, avait perdu toute sa superbe et tremblait comme un marmot qui a vu un fantôme.

– Ces hommes veulent du mal à Adel. Et Adel se trouve sous la protection particulière du Petit Peuple. Tu sais ce que cela veut dire ? Tu sais quel châtiment nous infligeons à ceux qui contrarient nos projets ou maltraitent nos amis ? menaça la lutine.

Le garçon eut un hoquet.

– Oui... oui, bredouilla-t-il. Je sais que tu peux me rendre aussi petit que toi... me transformer en crapaud ou en souris ! Par pitié, épargne-moi ! Je ne savais pas...

Majestueuse, Aeilin se redressa et adressa à sa victime un sourire où se mêlaient l'indulgence et la menace.

– Nous te ferons grâce, car tu as sauvé la vie de cette jeune fille, l'autre soir. Mais à une condition : tu vas nous aider. Nous devons, cette nuit, mettre la plus grande distance possible entre nous et ces abominables malfaiteurs. Quelle solution proposes-tu ?

Sven, anéanti, se laissa tomber sur un tabouret, dont il se releva aussitôt avec un nouveau gémissement de douleur.

– Oh... fit-il, comme n'osant croire à sa chance, il y a *une* train qui va vers le nord... Il part très tôt, à l'aube. C'est un train de marchandises, mais il doit être possible d'embarquer à bord du wagon de queue. Je l'ai déjà fait – j'avais envie de voir du pays, et...

– Le récit de ta vie ne nous intéresse pas, répliqua Aeilin, à qui l'usage du pluriel de majesté convenait décidément. Conduis-nous ! Et plus vite que ça !

Juste avant l'aube, il est un moment où les ténèbres qui recouvrent la terre ressemblent, par leur densité, à une épaisse draperie de velours noir – comme si la nuit, sur le point d'être balayée par les premiers rayons du soleil, livrait sa dernière bataille, affirmait son empire. La lune décline à l'horizon, les étoiles n'émettent plus que de faibles feux. C'est l'heure où les moribonds rendent le dernier soupir, où les crimes les plus sordides se commettent, où les rêves longtemps caressés se transforment en décisions désespérées.

Sur le chemin de la gare, Adel, à plusieurs reprises, leva la tête vers le ciel encombré de nuages bas et menaçants. Elle avait la sensation étouffante d'être enfermée dans une boîte dont un dieu cruel aurait refusé de lever le couvercle.

– C'est sûr, va neiger encore, dit Sven. P'têt' que les voies de chemin de fer seront bloquées d'ici ce soir.

Un couinement de protestation sortit de la poche de la fillette, et le garçon, prudemment, se tut. La petite princesse des Morganès, qu'il prenait pour un tomte, l'esprit familier des demeures suédoises, susceptible et malicieux – capable, en outre, de jouer des tours pendables à qui osait le contrarier – lui inspirait une crainte réelle.

Adel ne répondit pas. Elle jetait de fréquents coups d'œil derrière elle car, bien que la rue parût déserte, elle se sentait surveillée. Qui l'épiait derrière les volets clos, les portes fermées, les murs, les meubles qui reposaient dans la pénombre des chambres ?

« Personne. Arrête de te faire des idées. »

La gare de Jönköping était petite et délabrée ; un quai minuscule et une cabane dont les vitres cassées avaient été remplacées par des planches se dessinaient sous la lueur jaunâtre d'un unique réverbère. Des tas de neige sale montaient presque jusqu'au toit de bardeaux. Sur la voie, un convoi était formé : une silhouette passa, tenant une lanterne, puis une autre, emmitouflée dans un caban au col relevé. La porte de la cabane claqua en se refermant.

– Reste là, ordonna Sven, bourru. J'vais voir si je peux te faire monter.

Adel se dissimula derrière une palissade et attendit.

– J'ai froid, pleurnicha la voix fluette d'Aeilin.

– Moi aussi. Ne te plains pas ! Ma jupe est en laine, et je te sers de bouillotte... j'aimerais bien être à ta place !

La lutine se tortilla, s'agrippant à l'étoffe ; sa tête apparut contre la hanche de la fillette.

– Je croyais que tu avais froid ?

– Chut !

D'un doigt posé sur ses lèvres, la petite créature fit signe à Adel de se taire. Ses yeux, vifs comme ceux d'un écureuil, roulaient dans leurs orbites, inspectant les alentours.

– Tu as vu quelque chose ? chuchota Adel.

– Non, je ne vois rien... c'est pire... je... Ne restons pas ici !

Une ombre se détacha alors du plus haut des tas de neige et s'avança vers elles.

– Sauve-toi ! s'époumona Aeilin.

Mais Adel, médusée, ne fit pas un mouvement pour s'enfuir.

– Attends, non... c'est Hieronymus ! Que fait-il ici ?

L'ancien précepteur marchait d'un pas raide, saccadé, mais il arborait un large sourire et tendit les deux mains vers la fillette dans un geste amical.

– Ma chère enfant... Je me suis fait tant de souci à votre propos ! Cette attaque, ces bandits de grand chemin... Nous étions tous, je crois, un peu déboussolés. Depuis, je n'ai cessé de vous chercher !

– Ah oui ? Après m'avoir ordonné de ne jamais reparaître devant vos yeux ? Et vous voudriez que je gobe ça ?

Le petit homme cligna des paupières.

– Il fallait bien donner le change à nos compagnons de voyage. Personne n'aurait compris que je ne réagisse pas à vos... disons vos extraordinaires capacités. Nous aurions été tous deux montrés du doigt, et probablement remis à la police de la ville la plus proche. J'ai donc affecté le plus grand désespoir...

– Je m'en moque ! explosa la fillette. Comment m'avez-vous retrouvée ?

Un tic agita à nouveau les traits du précepteur.

– Oh, ce fut assez facile. J'ai interrogé les servantes d'auberge...

– Je ne me suis arrêtée dans aucune auberge. Comment l'aurais-je pu ? Vous ne m'aviez pas laissé un sou !

Hieronymus se rapprocha encore, et sa voix se fit douce, insinuante :

– Peu importe. Je vous ai retrouvée, c'est l'essentiel. Pauvre enfant ! Effrayée, gelée, solitaire... Ne craignez rien, je vous protégerai. Nous allons reprendre notre voyage...

Sa main se referma sur le poignet de la fillette, qui s'étonna brièvement de la force habitant ce corps émacié, avant de comprendre qu'elle était prise au piège.

– Ne criez pas, siffla-t-il. Suivez-moi bien gentiment, et on ne vous fera aucun mal.

Adel se raidit.

– Vous êtes un sale traître, lança-t-elle.

Il tourna vers elle un regard vitreux, inexpressif.

– J'obéis aux ordres du Maître. Venez.

– Jamais ! Plutôt mourir !

Elle s'arc-bouta dans la neige, griffa, pinça, tenta de mordre, mais il la repoussait de sa main libre sans plus se soucier de ses attaques que des jeux d'un chaton excité. Et, pas à pas, il la traînait vers l'ombre épaisse de la forêt, dont l'orée se devinait à quelques centaines de mètres.

– Sven ! hurla Adel. Au secours !

Il y eut un bruit de course précipitée, et le garçon reparut, essoufflé et furieux.

– Qu'est-ce que vous fabriquez ? s'égosilla-t-il. Lâchez-la, espèce de brute !

Aeilin, qui s'était enfin dégagée des plis de la jupe, avait escaladé les épaules de la fillette. Elle poussa un rugissement et sauta, toutes griffes dehors, à l'instant où Sven se jetait sur le précepteur. Ce dernier leva les bras pour protéger son visage, lâchant Adel qui en profita pour lui bourrer les tibias de coups de pied. Hieronymus s'écroula dans la neige. Un direct au menton l'étourdit.

– Vite ! haleta Sven. Le convoi va partir dans quelques minutes ! On a juste le temps !

Adel se baissa et saisit la lutine par le milieu du corps, puis se mit à courir. Hieronymus allait sans doute se lancer à leur poursuite dès qu'il aurait repris ses esprits, mais avec un peu de chance, Sven le tiendrait en respect jusqu'au départ du train.

« Ne pas trébucher. Ne pas tomber. Ne pas lâcher Aeilin... »

Elle n'entendait plus rien derrière elle. Le précepteur avait-il renoncé ? Les lumières de la gare se rapprochaient. Sven, d'une bourrade, la força à obliquer vers la droite, puis se glissa entre deux wagons.

– La porte du dernier est ouverte. C'est des couvertures pour l'armée... T'auras pas froid. Dépêche !

Adel avait l'impression que ses poumons allaient éclater, mais elle accéléra, longeant les voitures barricadées. De l'autre côté de la voie, des hommes s'interpellaient dans une langue gutturale.

– Plus vite ! Plus vite !

Le dernier wagon ! Elle distinguait l'ouverture noire, béante. Encore un effort...

La silhouette qui se dressa soudain devant elle lui parut immense : surgi de nulle part, le boiteux la fixait de ses yeux flamboyants ! Les plis de la cape qui couvrait ses épaules se confondaient avec la nuit opaque ; ce n'était pas un être humain, mais une émanation maléfique de l'obscurité, la PEUR elle-même dans toute sa hideur.

– J'ai longtemps attendu cet instant, articula-t-il avec lenteur. Si longtemps !

9

Adel ne pouvait détacher son regard du visage de l'homme qui lui barrait la route. Elle ne l'avait jamais vu de près, et pourtant croyait le reconnaître. Un frisson désagréable la parcourut. Elle avait peur pour elle-même, oui, mais une autre certitude la glaçait : elle n'était pas la première que le boiteux terrorisait et torturait. D'un geste irréfléchi, elle porta la main à son corsage et toucha, à travers sa robe, le médaillon. Des bribes de visions la submergèrent : un homme étendu mort, un énorme corbeau lui becquetant les yeux... Une femme fuyant l'incendie, son enfant serré contre sa poitrine... Un corps chutant d'une fenêtre aux vitres brisées... Un jeune garçon hurlant de terreur et de douleur pendant qu'un énorme serpent lui dévorait le cœur.

Horrifiée, elle recula.

– Vous ne m'échapperez pas, fit le boiteux d'une voix basse, grondante.

D'un ample geste qui fit voler les pans de sa cape, il leva le bras : la lame de pierre noire de son poignard chatoya d'une lueur terne.

– Inutile de fuir ! Vous êtes à ma merci, enfin !

Il s'approchait ; Adel sentait son souffle chaud sur son visage.

– Rassurez-vous, ce ne sera ni long ni douloureux... Je n'ai pas le temps, hélas, de prendre plaisir à cette exécution. Je dois vous amener au Maître, morte ou vivante ; morte, vous ne me causerez plus d'ennuis.

Le poignard s'abattit, visant la gorge de la fillette. À la dernière seconde pourtant, la mortelle trajectoire se trouva déviée : Sven, qui s'était tapi sous le wagon à l'apparition du boiteux, était sorti de sa cachette et venait de mettre à profit son expérience des bagarres de rue. Ne sachant par quel bout empoigner cet adversaire qui, environné d'ombres et cerné par les plis dansants de sa cape, lui semblait immense, il avait choisi la méthode la plus directe : d'un coup de tête au creux de l'estomac, il renversa l'homme, puis, sans s'attarder, attrapa Adel à bras-le-corps et la traîna vers le wagon ouvert.

– Monte ! s'essouffla-t-il. Bon sang, que tu es lourde ! Tu ne peux pas m'aider un peu ?

Un coup de sifflet retentit, suivi par un grincement.

– Il part !

Le convoi, lentement, s'ébranlait.

– Elle est blessée ! hurla Aeilin. Tu ne le vois pas, espèce de crétin ?

Adel n'avait pas lâché la lutine, et la petite créature était couverte de sang.

Sven jura entre ses dents.

– Manquait plus que ça... Aide-moi, tomte !

Aeilin sauta dans le wagon et, de toutes ses forces, tira Adel sur le plancher nu, pendant que le garçon, de son côté, soulevait le corps inerte.

– Attention, il revient ! le prévint-elle. Le boiteux ! Monte, toi aussi !

– Mais je...

– Ne discute pas ! Il va te trancher la gorge !

Le convoi prenait de la vitesse. L'espace d'une seconde, la porte de la cabane s'ouvrit, et un rectangle de lumière jaune coula sur la neige. Dans cette clarté soudaine, Sven vit son ennemi : malgré sa claudication, il courait vite, et l'expression de son visage ne laissait aucun doute sur ses intentions.

Il voulait tuer.

Sans plus hésiter, le jeune garçon sauta dans le

wagon et, bandant ses muscles, commença à refermer la lourde porte. Les glissières rouillées ne lui facilitaient pas la tâche, non plus que les trépidations du train. Une main jaillit de la nuit, s'agrippa à l'encadrement de métal. Le boiteux n'entendait pas abandonner sa proie. Dans un suprême effort, l'homme parvint à passer le haut de son corps par l'ouverture ; son visage convulsé était effrayant à voir, ses yeux brûlaient de haine inassouvie. Aux commissures de ses lèvres perlait une goutte de sang – le sang d'Adel, qui tachait encore la lame du couteau serré entre ses dents.

Sven hurla et, se renversant en arrière, projeta ses pieds vers l'horrible face. Le nez du boiteux craqua dans un bruit d'os brisés, les longues mains blanches lâchèrent prise, et l'homme disparut, comme avalé par le vent glacial.

Se mettant péniblement à genoux, le garçon, qui tremblait, s'acharna sur la porte qu'il parvint enfin à refermer ; puis il s'affala sur le sol du wagon et ferma les yeux.

Quand Sven et Aeilin émergèrent de l'espèce de torpeur épuisée où les avaient laissés les derniers événements de la nuit, ils cherchèrent à installer Adel plus confortablement.

La fillette avait perdu connaissance ; ses lèvres étaient pâles, presque grises, ses yeux soulignés de larges cernes bistre. Sa main gauche, à travers l'étoffe de ses vêtements, restait crispée sur le médaillon, et ils ne réussirent pas à lui faire lâcher prise. À grand-peine, ils l'étendirent sur une pile de couvertures et la couvrirent chaudement.

– Il faut voir où elle est blessée, dit Sven.

– À l'épaule, je crois, le renseigna la lutine qui s'affairait déjà autour de son amie. Tu as un couteau ? Passe-le-moi.

Elle maniait avec difficulté l'outil – presque aussi haut qu'elle – mais réussit à découper le corsage d'Adel et à le rabattre sur la plaie.

– Vilain, grimaça-t-elle en contemplant les chairs déchiquetées. Avec quoi allons-nous confectionner un pansement ?

– Dans les feuilletons, s'égaya le garçon, l'héroïne découpe une bande de son jupon. Donne le couteau, je vais le faire. Tu es trop petite et...

La princesse des Morganès lui lança un regard indigné.

– Trop petite ? Ne répète jamais ça, Sven Gunnarsson... Et si tu crois que je vais te laisser fourrer tes mains sous le jupon d'une jeune fille, tu te trompes lourdement, mon gars ! Tu n'as pas honte ?

Sven rougit – chose qu'il n'aurait jamais crue possible avant ce jour.

– Ce n'est qu'une gamine, se défendit-il.

– Plus pour longtemps. Pousse-toi !

Suant à grosses gouttes, elle décousit le volant du jupon d'Adel, puis roula avec soin le pansement improvisé.

– Pour désinfecter, hasarda le garçon, j'ai de l'aquavit... C'est très efficace, mais ça brûle.

Il sortit de sa poche un petit flacon de verre qui contenait un liquide transparent.

– Tiens ! On dirait qu'il y a une idée, de temps à autre, dans ta caboche ! commenta Aeilin.

La blessure nettoyée et pansée, ils bordèrent à nouveau Adel dans son cocon de couvertures de l'armée, rêches et épaisses.

– C'est normal qu'elle reste évanouie si longtemps ? interrogea Sven, perplexe. La plaie n'est pas très profonde... J'ai déjà vu des coupures plus mauvaises, à la fabrique.

– Non, soupira la lutine, les sourcils froncés, ce n'est pas normal. C'est peut-être la peur. Donne-lui une goutte de ton aquavit, il en reste.

Le liquide coula entre les dents de la fillette

qui eut un hoquet, frémit, puis retomba dans sa léthargie.

Le train avait atteint sa pleine vitesse : un roulement régulier martelait les tympans des voyageurs clandestins. Hors du précaire abri de métal qui les emportait vers le Nord, il n'y avait que la nuit, la neige, et de redoutables ennemis dont jusqu'à présent rien n'avait pu décourager l'obstination. Quitter le convoi ou alerter le conducteur était hors de question, et d'ailleurs, comment l'auraient-ils pu ? Un seul choix leur restait : attendre.

Un peu avant la fin de la matinée, alors que les nuages bas s'argentaient de quelques timides lueurs, Adel commença à s'agiter.

– Ils sont là... Je les vois, ils me font signe, bredouilla-t-elle.

Sur sa couche improvisée, faite de couvertures jetées en tas, elle tournait la tête à droite, à gauche ; les mèches de ses cheveux, humides de sueur, collaient à ses joues.

– On dirait une noyée, murmura Sven, impressionné.

Aeilin, accroupie près de l'épaule de la fillette, lui caressait le front.

– Là... N'aie pas peur, il n'y a personne ici, sauf Sven et moi.

– Si ! Je les vois !

Adel s'était assise toute droite, les yeux écarquillés. Un instant, elle parut fixer, sur la paroi du wagon, une image invisible pour tout autre qu'elle ; puis elle porta la main à sa blessure, gémit et retomba sur ses couvertures.

Une heure s'écoula ; Sven avait entrebâillé la porte du wagon et contemplait, morose, la plaine voilée de brume. Son estomac criait famine, et il y avait peu de chances qu'il puisse le remplir dans un avenir proche. Des visions de saucisses chaudes, accompagnées d'un délicieux confit de cornichons, flottèrent devant ses yeux. Il aurait volontiers dégusté une tranche de *gravad lax*[1] accompagné de tartines beurrées... et, pourquoi pas, deux ou trois parts de *prinssesstarta*[2]. Mais pour l'instant, il n'avait à se mettre sous la dent qu'un croûton de pain dur oublié dans l'une de ses poches ; il le grignota mélancoliquement, frottant ses doigts gourds contre sa veste et maudissant son destin. Lui qui n'avait voulu que

1. *Gravad lax :* saumon mariné.
2. *Prinssesstarta :* gâteau nappé de pâte d'amandes.

défendre la maison de ses bienfaitrices se retrouvait embarqué dans une invraisemblable aventure avec un tomte et une gamine – sans compter le boiteux qui leur collait aux basques. Il avait froid et faim, une envie pressante le tenaillait, il ignorait quand il pourrait descendre de ce satané train et retourner chez lui...

Retourner chez lui ? Sven jeta un coup d'œil oblique vers Adel, dont il ne distinguait plus, sous l'amas de couvertures qui la recouvrait, que le visage. Ses paupières frémissaient. Rêvait-elle ?

« Pauvre gosse, s'attendrit-il. C'est *elle* qui devrait être bien au chaud, en train de... euh... »

À quelles occupations se livraient les filles ? Il l'ignorait, en fait. Mlle Jonsdotter s'agitait dans la maison du matin au soir, remuant des baquets et des marmites, balayant, rangeant, époussetant, bêchant le jardin, alignant au grenier des bocaux de conserves. Sa sœur, Mlle Selma, tricotait de l'aube au crépuscule, assise dans son fauteuil devant le poêle, et passait beaucoup de temps à sa toilette. Les gars, à la fabrique, ne parlaient de leurs mères ou de leurs sœurs que pour vanter leur beauté, leurs talents culinaires, quand ils ne se plaignaient pas de l'étouffante sollicitude dont elles les entouraient. Pourtant, il était sûr d'une chose : la jeune fille étendue là, malade, blessée, sur le plancher sale et tressautant d'un wagon de marchandises, n'aurait pas dû s'y trouver. Elle n'aurait pas dû se voir forcée de fuir le poignard d'un assassin, ni être à deux doigts de mourir de froid et de faim sous un porche ; elle aurait dû... quoi ? Peu importait. Tout, mais pas *ça*.

Sous ses airs bourrus, le jeune Gunnarsson cachait un cœur généreux : aussi cessa-t-il bientôt de s'apitoyer sur lui-même. Cette petite – qu'il aurait bien expédiée en prison le matin même, mais cela, il l'avait déjà oublié –, il voulait lui voir des joues roses et un sourire aux lèvres.

Et si dans ce but il fallait courir et se battre, geler, ramer, nager, escalader des montagnes, eh bien ! Il subirait son sort sans se plaindre.

La nuit tombait quand Adel ouvrit les yeux. Le convoi, au cours de la journée, s'était arrêté deux fois dans de petites gares de province. Sven avait réussi à se faufiler hors du wagon et avait rapporté de l'eau, ainsi qu'un morceau de poisson salé, dur comme de la pierre.

– Il y en a des caisses et des caisses à côté, avait-il expliqué à Aeilin en partageant avec elle cette maigre provende. Au moins, on aura à manger.

– Vous mangez vraiment... cette chose ? avait interrogé la lutine, qui mâchait avec difficulté.

– Avec des pommes de terre. Mais avant, on fait dessaler le poisson...

– Ah ! Je comprends, avait grommelé Aeilin en réprimant une grimace de dégoût.

– J'ai chaud...

Tous deux se tournèrent vers la fillette, qui avait rejeté les couvertures et essayait de se lever.

– Reste couchée ! gronda la petite princesse.

Elle lâcha le morceau de poisson qu'elle mastiquait et tâta le front de la blessée.

– Tu es brûlante... Il ne faut pas te découvrir.

Les yeux d'Adel brillaient de fièvre, mais son regard était lucide, et sa voix ferme quand elle dit :

– Je sais où je dois aller, maintenant.

10

– Tu es sûre que c'est là ?

Aeilin avait provisoirement élu domicile dans les plis de l'écharpe de Sven, car Adel tenait à peine sur ses jambes et n'aurait pas supporté son poids, si léger fût-il ; son petit visage crispé par l'anxiété émergeait du tricot bariolé. Le garçon avait passé un bras autour des épaules de la fillette, qui titubait et se cramponnait aux revers de sa veste.

Le quai où les avait laissés le convoi de marchandises semblait encore plus désert et plus désolé que celui de Jönköpping. Sous l'effet du gel, le sol s'était fissuré et de profondes crevasses, comblées par une glace sale, couraient d'une voie à l'autre. La guérite du chef de gare, une baraque déjetée, rafistolée cent fois, avait été condamnée : des planches fraîchement équarries étaient clouées en travers de la porte et des fenêtres.

– Il n'y a personne, constata Sven. C'est le bout du monde !

Une quinte de toux secoua Adel.

– L'auberge où mes parents ont été aperçus pour la dernière fois se trouve à deux kilomètres à l'intérieur des terres, précisa-t-elle. C'est une grande bâtisse peinte en blanc, avec un toit rouge.

– Mais comment peux-tu le savoir ? s'étonna Sven.

Impatientée, la fillette tapa du pied et faillit tomber.

– Je l'ai vue. Combien de fois faudra-t-il que je te l'explique ? Je vois des choses. Depuis que... (Elle porta les mains à son épaule et se mordit les lèvres.) Depuis qu'*il* m'a fait ça.

– Le boiteux ?

Adel devint très pâle et jeta alentour un regard effrayé.

– Ne parle pas de lui ! Il le sent. Il entend tout.

– Alors nous allons à l'auberge ? intervint Aeilin, un peu vexée d'être tenue à l'écart.

– Inutile.

– Mais tu disais que c'était le dernier endroit où on les avait vus... et puis, tu as besoin de repos. Et de soins. Vous n'avez pas de guérisseurs, dans votre peuple ?

Adel grimaça un sourire.

– On les appelle des médecins. Mais ils ne pourront rien faire pour moi. Il faut que j'aille là-bas... vers le « nombril de la mer ». Les gens d'ici l'appellent Salstraumen... Hieronymus ne me l'avait pas dit...

Aeilin et Sven échangèrent un regard inquiet. Leur périple durait depuis trois jours – trois jours à grelotter, à se nourrir de poisson gelé, à faire fondre, pour boire, la neige récoltée sur le ballast quand le train faisait halte. Durant tout ce temps, Adel n'avait cessé de s'affaiblir. Sur son visage émacié par la fièvre, sa peau claire devenait presque transparente ; secouée de longs frissons, elle demeurait prostrée des heures, puis soudain s'animait et se lançait dans le récit de visions où apparaissait sans cesse un serpent, tantôt énorme et terrifiant, tantôt aussi fin que la tige d'une fleur. Il était aussi question d'une porte – une porte sous la mer. Et de l'Atlantide. Sven ne prêtait guère attention à ces divagations, mais la lutine les écoutait avec une avidité mêlée d'effroi. Sa mère et ses tantes lui avaient naguère appris que la curiosité était un bien vilain défaut, et quand elle se glissait en catimini à la porte de la salle où le roi Alandre s'enfermait avec ses pairs, elle n'avait jamais pu se défendre d'un certain sentiment de culpabilité. À présent, elle regrettait de n'avoir pas poussé jusqu'au bout son indiscrétion. Car certains des mots prononcés par Adel trouvaient, dans sa mémoire, un vague et sinistre écho. Son père aussi avait une fois évoqué « une porte sous la mer ». À quel propos ? Elle ne s'en souvenait plus. Cela avait un rapport avec ce qu'ils appelaient les « Trois Armes de l'Étoile ». Et aussi avec la terrible Reine Noire... mais lequel ? Elle n'en savait pas plus.

Adel, épuisée, s'appuyait de tout son poids contre Sven. Elle avait fermé les yeux, et une larme ronde, parfaite, cristalline, perlait à sa paupière. La petite goutte roula sur la joue blême de la fillette, tomba dans son cou.

Électrisée par une intuition fulgurante, Aeilin se redressa. Bien sûr ! Comment n'y avait-elle pas pensé plus tôt !

– Adel, fit-elle d'une voix pressante. Adel, écoute-moi !

– Oui, marmonna la fillette.

Sa respiration était sifflante.

– Je connais un mire qui pourrait te guérir. Les sbires de la Reine Noire se servent aussi de poignards empoisonnés, car celui-ci l'était, j'en suis sûre. Sinon, tu ne serais pas si malade, car la plaie est propre et commence déjà à cicatriser.

– Peux pas... aller... dans ton monde, articula Adel avec difficulté. Sais... pas... comment faire.

– Mais si ! Rappelle-toi : juste avant d'arriver dans la forêt du Tadzelworm, tu rêvais, n'est-ce pas ? C'est ce que tu m'as dit.

– Oui... de mes parents. Ils étaient si proches... si proches... mais je ne pouvais pas les rejoindre. Je courais... je les appelais... ils ne me répondaient pas !

– Est-ce que tu as pleuré ?

Adel battit des paupières.

– Oui... Je crois. Oui, j'ai pleuré.

– C'est bien ça. Et quand tu étais avec cette fille, Marinette, tu as pleuré aussi. Tu as *touché* ton médaillon, et tu as *pleuré*. Tu comprends ce que ça veut dire ?

– N... non.

– Que tu dois pleurer si tu veux retourner, euh... à cet endroit, conclut Sven, pratique.

– On va essayer tout de suite, lança la lutine avec impétuosité. Prends ton médaillon... bien serré dans ta main, oui, comme ça. Et maintenant, pleure.

Une ou deux minutes s'écoulèrent. Adel, immobile, semblait absente.

– Peux pas, finit-elle par bafouiller.

– Fais un effort ! s'emporta Aeilin. Pense à quelque chose de triste !

– Tu veux que je te raconte une histoire horrible ? proposa son compagnon avec bonne volonté. J'en ai une, justement... une mère qui a égorgé ses trois enfants pour les fourrer dans le saloir à cochons. Si elle ne te tire pas des larmes, je mange ma casquette.

– Peux pas, répéta la fillette.

Elle lâcha Sven et fit quelques pas incertains sur le quai.

– Adel, murmura le garçon. Fais attention, tu vas tomber.

Mais elle ne l'écoutait pas. Les yeux fixes, elle semblait attirée par une force magnétique.

– C'est par là, marmonna-t-elle. Par là. Je dois... y aller.

Et elle s'éloigna, d'une démarche raide, saccadée. Le garçon la suivit, la lutine agrippée à son cou.

Il avait le sentiment qu'une catastrophe imminente les menaçait, et que lui, Sven, ne pourrait rien faire pour y remédier.

11

Ils marchèrent un long moment, au rythme trébuchant de la fillette. Parfois, celle-ci tombait à genoux ; Sven et Aeilin se disaient alors que c'était la fin, qu'elle ne pourrait plus se relever. Sans se l'avouer l'un à l'autre, ils le souhaitaient presque : le garçon aurait alors pu courir chercher du secours.

Mais Adel se relevait toujours. Ses cheveux défaits, raides de poussière de charbon, pendaient devant son visage ; elle ne faisait aucun geste pour les écarter. Sous sa veste déchirée au coude, ses épaules étaient agitées de tremblements. Sa jupe, si soigneusement raccommodée par Mlle Selma, était à présent effrangée et tachée : l'ourlet défait pendait sur les bas gris de crasse. L'une des semelles de ses bottines bâillait : avec sa démarche zigzagante et son regard hanté, la fille du Dr Pullman ressemblait à une vagabonde, ou à une folle échappée de l'asile.

Ils suivaient un chemin à peine tracé qui passait assez loin des rares habitations. Celles-ci, construites en bois et peintes de couleurs vives où le rouge dominait, étaient parfois flanquées d'une bergerie ou d'un enclos. Sven regardait les portes fermées, espérant que l'une d'elles s'ouvrirait, qu'on leur demanderait ce qu'ils faisaient là et où ils comptaient aller. Il expliquerait que sa sœur – non, sa cousine – avait perdu l'esprit et divaguait. C'était peut-être le cas, après tout. Et si Sven avait deviné juste depuis le début ? Si Adel et le boiteux appartenaient à la même bande de voleurs ? Elle avait dû leur jouer un tour de sa façon, et il la recherchait par vengeance, pour lui couper la gorge, suivant la loi non écrite de ces gens-là. Les journaux étaient pleins de ces règlements de compte entre malfaiteurs.

Pourtant, il y avait le tomte. Jamais, au grand jamais, un tomte n'aurait accordé sa protection à une criminelle.

Que faire, alors ?

Ils approchaient du rivage. Une odeur de varech leur parvint et sembla redonner un peu de force à

Adel. Elle accéléra le pas. Les cabanes des pêcheurs étaient groupées dans une anse abritée : des barques ventrues dansaient à l'extrémité des pontons. Mais la fillette dédaigna le chemin qui menait au village et tourna à droite, coupant à travers les prés couverts de neige.

– Adel ! Où vas-tu ? Reviens !

Elle ne se retourna pas et s'engagea dans la pente qui s'élevait vers une falaise dont le sommet était noyé par un brouillard épais. Très vite, Sven dut courir pour ne pas la perdre de vue. Des oiseaux de mer les frôlaient, poussant des cris rauques. Le garçon entrevit un œil fixe, un bec recourbé, aussi acéré que la lame d'une arme de combat, et sursauta.

– Tu as peur d'un oiseau ?

La voix d'Aeilin était à cet instant particulièrement acerbe – sans doute pour masquer sa propre frayeur. Sven haussa les épaules : ce n'était pas le moment de se disputer avec le tomte – non, vraiment pas.

– Adel !

Ils étaient arrivés au sommet de la falaise. Debout au bord du vide, la fillette fixait l'à-pic. Sven la rejoignit en quelques enjambées et la prit aux épaules. Il voulait l'écarter du bord, mais elle résista, faisant preuve d'une force dont il ne l'aurait pas crue capable.

– C'est là, chuchota-t-elle.

– Là ? Mais il n'y a rien, la reprit-il avec douceur. Seulement des rochers et des vagues.

– Regarde mieux.

Presque malgré lui, il se pencha, écarquilla les yeux. L'eau d'un vert sombre léchait des rochers gris semblables à de gros phoques assoupis ; une étroite bande de galets prolongeait la frange d'écume, qui à marée haute devait frapper la falaise de plein fouet, y creusant des cavités de forme bizarre. La paroi, couverte de lichen vieil or, était vertigineuse.

– Je ne vois rien.

– Regarde mieux.

Il la sentit se détendre. « Comme si elle avait enfin trouvé ce qu'elle est venue chercher », pensa-t-il. Un demi-sourire jouait sur ses lèvres bleuies de froid.

Il regarda à nouveau. Le Salstraumen, il connaissait, on lui en avait parlé, même s'il n'était jamais venu auparavant. C'était une zone de tourbillons, tout simplement, qui se formait deux fois par jour dans le détroit séparant l'île de Moskenes et l'îlot de Mosken, à l'extrémité sud de l'archipel des Lofoten. Le flot, aux changements de marée, acquérait alors une vitesse et une force incroyables. À ce moment précis, la marée était basse et le courant faible, mais des lignes blanches, sur l'eau, composaient d'étranges figures mouvantes. Sven les fixa, le front plissé, et peu à peu comprit.

Dans le flot capricieux, la même image se reformait sans cesse.

Un long corps sinueux, une tête tantôt hérissée de crêtes et de cornes, tantôt plate et lisse ; une gueule qui s'ouvrait et d'où semblait sortir une langue bifide, qui se dardait vers la falaise pour se rétracter aussitôt.

– Le serpent, chuchota-t-il, saisi d'effroi.

– Oui, le serpent, approuva Adel tranquillement. C'est ce que disait ma vision : d'aller là où se trouve le serpent... Il ne me reste plus qu'à...

Elle fit un pas en avant ; Sven la rattrapa de justesse.

– Tu voulais sauter de la falaise ? s'étrangla-t-il.

Adel tourna vers lui un regard vide.

– Je dois aller où se trouve le serpent, répéta-t-elle mécaniquement.

– Ne la laisse pas faire !

Aeilin, affolée, se débattait pour s'extraire des plis de l'écharpe qui l'emmaillotait.

– Elle ne sait plus ce qu'elle dit !

Mais Sven ne lui prêtait aucune attention : les

sourcils froncés, il examinait les rochers rongés par le sel, les plaques de roche nue, veinées de brun.

– Je te crois, Adel, dit-il avec précaution. Mais si tu sautes à la mer, tu mourras noyée – ou bien de froid, ce qui revient au même. Tu ne veux pas mourir ?

– Mourir ?

La fillette secoua la tête et tenta d'échapper aux mains qui la tenaient.

– Attends ! haleta Sven. Et si je te prouve que tu t'es trompée ? Que le serpent de ta vision n'est pas celui-là ?

– Que veux-tu dire ? interrogea Aeilin, qui s'était entre-temps perchée sur son épaule et avait saisi Adel aux cheveux.

– S'il y a vraiment une porte sous la mer, elle est peut-être visible en ce moment : le flot est au plus bas, regarde.

Il désignait les stries rougeâtres qui barraient la paroi.

– Et le serpent...

– Tu as raison ! cria soudain la lutine. Là !

Elle désignait un point sur la falaise, à mi-hauteur.

– Vous voyez cette saillie dans la pierre ? Elle n'a pas une forme naturelle.

Sven secoua la tête.

– Tu dois avoir de meilleurs yeux que moi, tomte.

Adel cligna des paupières, lentement, comme si elle s'éveillait d'un rêve.

– Aeilin a raison, dit-elle d'une voix tremblante. Je le vois ! Le serpent ! Il est gravé dans le rocher...

Son regard, à présent, sautait d'un point à un autre.

– Et il y a une sorte de chemin qui descend, là.

– Tu appelles ça un chemin ?

Sven fit un nouveau signe de dénégation.

– Même une chèvre ne pourrait y passer.

– Mais nous, nous passerons.

Adel tendit la main vers la lutine, qui prit pied, délicatement, dans sa paume.

– Au revoir, Sven. Je te remercie beaucoup de m'avoir accompagnée jusqu'ici.

La politesse guindée de cette réplique prit le garçon au dépourvu ; il ouvrit la bouche, sans qu'aucun son en sortît. Puis, retrouvant sa voix, il s'emporta :

– Alors, comme ça, Mademoiselle me donne congé ? Mademoiselle en a assez de moi ?

– Mais non, Sven, balbutia Adel. Tu ne comprends pas, je...

– Je comprends très bien ! Et je ne t'ai pas « accompagnée jusqu'ici », comme tu dis, pour être congédié à la dernière minute !

Il avait déjà oublié ses soupçons, ses résolutions, ses angoisses. Laisser cette gamine se rompre le cou sans rien faire ? Jamais !

– Si tu veux absolument jouer les araignées, proféra-t-il, je viens avec toi. Sinon, je t'attache à un arbre. Et je ne plaisante pas !

– Laisse-le venir, chuchota Aeilin à l'oreille de la fillette. Il n'est pas trop mauvais, je crois... en fin de compte.

– En fin de compte ? Merci bien, tomte, grinça Sven.

– Je sais qu'il y a du danger, argumenta Adel, qui, prise d'un nouvel accès de faiblesse, plia les genoux et s'affala dans la neige. C'est pour ça que je ne voulais pas que tu viennes. Ce n'est pas ton aventure.

Il la toisa.

– Ça, c'est toi qui le dis. Bon, assez bavardé ! Je passe en premier.

Jouant des pieds et des mains, ils suivirent l'étroite corniche. Sven avait enlevé son écharpe, dont il avait noué une extrémité autour de la taille d'Adel.

– Les tricots de Mlle Selma ont tendance à s'allonger, avait-il expliqué. Avec ce cache-nez, je pourrais tendre un pont sur le Vestfjord[1], si je voulais !

En contrebas, le flot grondait et bouillonnait : Adel devait se faire violence pour détourner les yeux de la silhouette serpentine qui se tordait à ses pieds. Sans Sven, elle serait tombée. La fièvre la dévorait, lui ôtant la capacité de penser clairement. Les élancements qui traversaient son épaule blessée s'étaient mués en une douleur diffuse, mais son bras s'engourdissait : elle avait peine à le mouvoir. D'une main, elle cherchait des prises sur la paroi, et Sven lui indiquait où poser les pieds. Seule Aeilin, agile et légère, sautait d'une pierre à l'autre sans hésiter. Bien avant les deux autres, elle atteignit la roche gravée, et sa voix leur parvint, dominant le mugissement du courant :

– C'est bien un serpent ! Mais s'il y a une porte, je ne la vois pas. Venez ! Il y a un petit replat où vous pourrez vous tenir debout.

Sven la rejoignit le premier, prit pied sur le rebord et se retourna pour prendre Adel dans ses bras et la déposer à côté de lui : elle n'aurait pu faire un pas de plus. Avec un frisson d'appréhension, il leva la tête vers le sommet de la falaise : comment remonteraient-ils ?

1. Vestfjord : bras de mer qui sépare les îles Lofoten du continent.

– Déblaie ces gravats, lui lança la lutine. On ne peut rien voir, dans ce fouillis.

Il retint une réplique cinglante – après avoir affronté tant de dangers, comment pouvait-il avoir encore peur d'un tomte ? Il en avait honte, mais c'était le cas – et obéit. Une rainure, dans la pierre, apparut. Arrachant les mousses et les lichens, il en mit à nu le contour.

– C'est bien une porte, constata-t-il. Mais comment l'ouvre-t-on ? Les blocs sont si bien ajustés que je ne peux même pas glisser un ongle entre eux.

Adel rampa jusqu'au rocher et y appuya sa joue. Un tambour résonnait dans sa tête, battait à ses tempes – bong, bong, bong. En bas, les vagues hurlaient comme des bêtes affamées. Le serpent l'appelait. Il la voulait, *elle*. Promenant ses doigts sur la pierre, elle sentit une surface lisse, bombée. C'était minuscule : un caillou, de forme ovale...

Elle ouvrit les yeux.

– Mon médaillon, bafouilla-t-elle. C'est la même... la même...

Avant même d'avoir terminé sa phrase, elle avait pressé la pierre noire, veinée de rouge.

La porte bascula, l'entraînant à sa suite dans les ténèbres.

12

– Adel ! hurla Sven.

Il tenta d'agripper les vêtements de la fillette, mais trop tard : elle avait déjà disparu. Sans hésiter, il franchit à son tour l'ouverture béante, perdit pied, tomba et roula le long d'une pente qui lui parut sans fin. Sa chute fut brutalement stoppée quand il heurta Adel qui, roulée en boule, ne réagit pas. La joue pressée contre le sol, elle avait tiré le médaillon hors de son corsage et le serrait avec une telle force que ses jointures blanchissaient.

– Aïe !

Aeilin venait d'atterrir sur le dos du garçon, les pieds en avant. Meurtri, il se frotta les reins et leva les yeux, car l'écho d'un frottement se répercutait sous la voûte.

– La porte ! haleta la lutine.

Le triangle de clarté qui se dessinait sur la paroi rocheuse s'amenuisait rapidement. Puis il y eut un claquement sec, et toute lumière se retira du passage : l'ouverture était à nouveau obturée.

– C'est ta faute, ragea Aeilin. Tu ne pouvais pas caler la porte avec une pierre ? Nous voilà coincés ici !

– Je te signale que tu es entrée *derrière* moi, rétorqua le garçon. Tu aurais pu y penser, puisque tu es si maligne...

– Ne vous disputez pas !

La voix d'Adel s'était raffermie.

– Vous aviez raison tous les deux. C'est bien ici qu'*il* m'attend.

– Qui ça, *il* ? s'inquiéta Sven. Ton fameux serpent ? Je n'aime pas beaucoup ces bêtes-là.

Un froissement d'étoffe l'avertit que la fillette s'était levée. Il l'imita, ramassant au passage la lutine qui, sans plus récriminer, se jucha sur son épaule.

– Nous ne sommes pas au bout de la galerie, poursuivit Adel. Le sol ici se relève, c'est ce qui nous a arrêtés. Mais je sens un souffle d'air sur mon visage, qui vient d'en bas. Continuons.

– Je passe devant, déclara Sven.

– Non.

Le ton était sans réplique. Devant tant de détermination, le garçon se vit une fois de plus contraint de céder. Il chercha à tâtons l'extrémité de l'écharpe qu'il avait nouée autour de la taille d'Adel quand ils avaient commencé leur périlleuse descente, et implora :

– Au moins, laisse-moi te tenir. Et reste près de la paroi.

Une légère traction l'avertit que la fillette bougeait. Sans hésiter, elle s'avança dans la galerie dont la pente plus douce permettait la marche. Sven la suivit, tâtant le sol du bout du pied. Il ne l'aurait avoué pour rien au monde, mais il avait peur du noir : à cet instant, son imagination lui montrait des abîmes ouverts où grouillaient dragons, scorpions et crocodiles, ainsi que d'autres monstres plus effrayants encore. Une sueur glacée couvrit son front, mais il se maîtrisa et continua sa lente progression. Sur son épaule droite, Aeilin se tenait immobile et silencieuse, ce qui était rare : il se demanda fugitivement si la petite créature percevait un son pour lui indiscernable. Le silence, dans le souterrain, était total ; même le bruit du ressac ne parvenait pas jusque-là. Comme ils descendaient toujours, Sven ne tarda pas à réaliser qu'ils devaient maintenant se trouver bien en dessous du niveau de la mer. Qui avait creusé cette galerie ? En quels temps reculés ? Le sol et les parois étaient lisses, longuement polis à l'aide d'outils qu'il ne pouvait se représenter. Des pics et des pioches auraient laissé de nombreuses traces, raisonna-t-il, heureux de trouver un sujet de réflexion dont le côté pratique apaisait un peu son angoisse. L'océan, en se précipitant encore et encore dans la cavité ouverte, avait peut-être secondé l'architecte de ce refuge sous-marin, mais la nature seule n'avait pu concevoir semblable cachette.

Sven en était là de ses réflexions quand l'obscurité qui les enserrait de toutes parts s'allégea ; il distinguait, devant lui, la tête et les épaules d'Adel. Un « ploc » étouffé le fit sursauter, bientôt suivi d'un autre. Une goutte tomba dans son cou, laissant sur sa peau un sillage glacé.

– C'est de l'eau douce, le renseigna Aeilin, qui venait de lécher sa paume mouillée. Il y a une source pas loin.

– Ou une rivière souterraine, hasarda Sven.

La galerie s'élargissait ; Adel pressa le pas. À présent, Sven apercevait, loin devant eux, un point lumineux, pâle et vacillant. Il estima que plusieurs centaines de mètres les en séparaient encore, peut-être davantage.

– Adel... tu ne veux pas t'arrêter un peu pour te

reposer ? proposa-t-il. Tu es épuisée. On pourrait s'asseoir, souffler, et décider tranquillement de...

– Je vais très bien. Tu as peur, Sven Gunnarsson ?

Elle tourna son visage vers lui. Il ne pouvait deviner son expression, mais perçut la tension qui l'habitait.

– *Tu* ne décides rien, Sven. Tu me suis. C'est toi qui l'as voulu, rappelle-toi.

Vaincu, il baissa la tête.

– Allons jusqu'au bout, puisque c'est ce que tu veux, soupira-t-il. Mais ne viens pas te plaindre que...

Mais elle ne l'écoutait pas. Très droite, la tête haute, elle avait repris sa marche obstinée vers – vers quoi ? Sven l'ignorait, mais tout son être lui criait de faire demi-tour.

– Ça pue, ici, grommela-t-il.

– Je ne sens rien, s'étonna Aeilin.

– Je ne parle pas de l'odeur... C'est autre chose...

Ne trouvant pas de mots pour décrire ce qu'il ressentait, il se tut. À mesure qu'ils avançaient, le ruissellement s'amplifiait. Sven eut bientôt les épaules trempées, et la lutine se réfugia sous sa veste. La galerie dessinait, sur la droite, une courbe peu accentuée ; quand ils l'eurent passée, ils virent que la voûte, en s'élevant, dessinait une sorte d'arche.

Ils firent encore quelques pas, puis s'immobilisèrent, le souffle coupé.

Devant eux s'ouvrait une salle de forme ronde. Une large margelle de pierre en faisait le tour, enfermant un petit lac souterrain dont les eaux n'étaient agitées que par le bouillonnement d'une source qui jaillissait de la paroi. La roche se montrait là plus claire, striée de longues veines rougeâtres semblables à des flammes immobiles ; de la voûte, des algues et des fougères pendaient mollement et s'accrochaient aux deux piliers massifs qui plongeaient dans l'eau noire. Entre ces deux piliers, au centre du lac, une colonne tronquée émergeait, gravée de motifs et de signes qu'Adel reconnut aussitôt pour les avoir remarqués, sans les comprendre, sur la monture de son médaillon. Au sommet de la colonne avait été déposé un objet dont la présence parut à Sven particulièrement incongrue : un petit coffret de métal rouillé, bosselé, couvert de mousse et de minuscules coquillages. Une épave dérisoire, présentée comme un trésor. La lumière vacillante qui éclairait la galerie ne venait pas d'ouvertures pratiquées dans la roche, mais de cristaux translucides, incrustés, à différentes hauteurs, dans les piliers : ils émettaient un rayonnement intermittent et faible, qui allumait, à la surface de l'eau, des reflets ondoyants.

La plus grande partie de la vaste salle restait plongée dans l'ombre.

En apercevant le coffret, Adel émit un râle involontaire et s'avança en trébuchant. Sven, une fois de plus, la retint de justesse.

– Merci, jeune homme, fit alors une voix dont l'écho se répercuta longuement sous la voûte.

Le garçon se figea, le cœur battant. Adel n'eut pas un tressaillement.

– Ne gâchons pas notre plaisir. Les choses doivent se faire dans les règles... toujours. Avancez un peu, que l'on savoure la divine surprise – mais est-ce bien une surprise ? – de votre présence en ces lieux.

D'instinct, Sven se retourna, prêt à fuir.

– Ce serait peine perdue, continuait la voix. Ce passage ne mène nulle part. Il n'avait d'utilité que de vous conduire jusqu'à nous...

À cet instant, Sven sentit une piqûre entre ses omoplates.

– Avancez, ordonna le boiteux.

Adel émergeait d'un long rêve. Depuis des jours, un brouillard dense l'enveloppait, étouffant, impénétrable. Au cœur de cette opacité, deux yeux rouges la fixaient, l'attiraient, lui chuchotant des mots incompréhensibles, mais dont la sonorité la remplissait d'effroi. Des ombres floues évoluaient autour d'elle, lui parlaient. Elle se voyait marcher, parler, agir, en spectatrice impuissante. Parfois un éclair de lucidité lui rendait pour un court instant le contrôle d'elle-même : ainsi, quand elle avait tenté de dissuader Sven de l'accompagner plus avant. Mais la plupart du temps, elle avait conscience de n'être qu'une marionnette dont une puissante volonté manœuvrait les fils.

Et voici que tout à coup la vue, l'ouïe, l'odorat lui étaient rendus ; l'étau qui broyait sa poitrine se relâchait, la douleur de son bras blessé diminuait, elle respirait plus librement. Avec un profond soupir, elle se redressa et promena ses regards autour d'elle.

Le boiteux leur avait fait signe de s'engager sur la margelle qui entourait le petit lac noir ; de l'autre côté de la salle, elle s'élargissait en une sorte de plateforme ovale où se dressait un haut siège taillé en pleine roche. Le long du dossier se répétaient les motifs gravés sur la colonne : des formes cursives qui, toutes, évoquaient la mer, poissons, oiseaux, vagues.

Et sur ce siège était assis un homme, qui la regardait approcher en souriant.

13

– Bienvenue, dit-il d'une voix feutrée. Mademoiselle Pullman, je présume. Bien que n'ayant pas l'honneur de vous avoir été présenté, j'ai tant entendu parler de vous que j'ai l'impression de vous connaître... Aginwulf, notre ami commun – il désigna le boiteux – ne tarit pas d'éloges sur votre combativité et votre... comment dirais-je ? votre esprit d'entreprise. Vous êtes une jeune personne remarquable.

Un mouvement, à ses pieds, détourna son attention.

– J'oubliais que nous avons un autre ami commun... debout, larve humaine !

Du bout de son soulier ferré, il frappa le tas de guenilles abandonné contre le socle de son siège ;

celui-ci bougea, laissant entrevoir une face blême, deux yeux épouvantés.

– Hieronymus, souffla Adel.

– Lui-même, confirma le maître d'Aarwald. Ou son ombre. Pourquoi diable vous être encombrée d'un aussi piètre personnage ? Le dogue de mon compagnon n'a fait qu'une bouchée de lui. Dévoré jusqu'à la moelle. Regardez-le ! Il ne peut même plus se tenir sur ses jambes.

– Le dogue ? répéta Adel sans comprendre. Oh... vous voulez dire... *la canne* ?

– La canne, oui, approuva le vieux seigneur en passant ses pouces dans son gilet brodé. Le beau cadeau que vous lui avez fait là ! Mais nous avons tout lieu de vous être reconnaissants de ce geste, n'est-ce pas ? conclut-il avec un ricanement significatif.

Il se pencha, approchant de la fillette son visage flétri, véritable masque de mort où flambaient deux prunelles démoniaques.

– Nous arrivons au bout de notre chemin... vous comme nous. Pour vous, c'est la fin du voyage. Pour nous...

D'un geste ample, il parut vouloir montrer les beautés d'un paysage invisible.

– Un royaume s'ouvre à nous. Que dis-je ? *Dix*

royaumes... Un monde... ignoré de tous pendant des millénaires !

– De quoi parlez-vous ? s'enquit Adel d'un ton posé, comme si elle poursuivait une banale conversation de salon.

Le vieillard lui lança un regard oblique.

– Ne faites pas la sotte, cela ne vous va pas. Vous le savez très bien. L'Atlantide... et sa capitale, Atlantis aux murs d'or !

Il ferma les yeux, avança les lèvres, comme s'il savourait chaque syllabe.

– Votre père aussi la cherchait. Il avait entendu parler de la porte sous la mer... Mais il a choisi de s'approcher de la falaise en bateau. Une vieille barque mal calfatée... Ils étaient trois à bord : lui, votre mère et un pêcheur, un jeune gars sans cervelle qui pensait pouvoir lutter contre le courant à la seule force de ses bras. Le serpent les a mangés, acheva-t-il avec satisfaction.

– Ce n'est pas vrai !

Les yeux de la fillette s'étaient remplis de larmes. Ses forces l'abandonnèrent à nouveau ; elle plia les genoux et dut se cramponner au bras de Sven qui, livide, ne quittait pas des yeux l'effrayant vieillard. D'Aeilin, aucun signe : dissimulée sous la veste de son compagnon, elle se tenait coite et immobile. Même le garçon semblait avoir oublié sa présence.

– Vous ne me croyez pas ? Regardez...

Il montrait, non loin du siège de pierre, sous une saillie de la roche, deux monticules de terre et de cailloux. Une dalle plate était posée sur l'un d'entre eux.

– La tombe de votre père, mademoiselle. Et celle du pêcheur téméraire qui vendit sa vie pour quelques billets ! Nous leur avons rendu ce dernier hommage. Je vous autorise à vous recueillir un instant... car le temps passe, nous avons à faire.

– Et ma mère ? interrogea Adel d'une voix étranglée.

Le seigneur d'Aarwald haussa les épaules.

– Son corps, plus léger, a dû être emporté au large. Elle a trouvé sa sépulture dans le ventre des poissons !

Il rejeta la tête en arrière et partit d'un rire aigu, prolongé, qui se cassa sur une note stridente.

– Revenons à ce qui nous occupe, coupa-t-il. Aginwulf, le poignard, je vous prie.

Le boiteux s'avança et, s'inclinant avec humilité, présenta l'arme à son maître. Adel, malgré son chagrin, remarqua qu'il devait se faire violence pour s'en séparer. Malgré elle, elle porta la main à son corsage et toucha son médaillon, tandis que ses yeux se tournaient vers le minuscule coffret. Dans la lumière tremblotante émise par les cristaux, le métal dont il était fait se moirait de reflets fauves.

– C'est bien cela, grinça le vieillard. Vous commencez à comprendre. Les « Trois Armes de l'Étoile » ... elles sont là, enfin réunies. Depuis des siècles, j'attendais cet instant.

Sven, incrédule, le dévisagea. Depuis des siècles ? Le vieux birbe devait avoir perdu la tête !

– Z'êtes assez décati, lança-t-il avec insolence, mais pas à ce point-là ! Dites, grand-père... vous ne croyez pas qu'il serait plus raisonnable de rentrer chez vous, au coin du feu ? Vous allez attraper froid, à vous balader comme ça sous la mer en racontant des sornettes !

L'homme grimaça.

– Aginwulf, jeta-t-il. Débarrasse-nous de ce bavard.

La canne à tête de dogue s'abattit sur la nuque du garçon qui s'écroula, face contre terre.

– Sven !

Adel s'accroupit près du corps inerte et chercha le pouls de Sven ; il battait. Un peu rassurée, elle darda sur le vieux seigneur des yeux furibonds.

– Vous êtes des brutes ! cracha-t-elle.

– Non, ma chère demoiselle. Des gens pragmatiques, qui ne se laissent en aucun cas entraver par leurs émotions. Voilà pourquoi nous finissons toujours par gagner...

Il montra la colonne tronquée où trônait toujours le coffret.

– C'est un médecin, Jean-Baptiste Bourgeoys, qui l'a placé là juste avant la Révolution française, suivant les indications de ce document.

Il tira, d'une vaste poche de sa redingote, un rouleau de parchemin serré dans un ruban vert.

– Comment cet écrit est-il venu entre mes mains, me demanderez-vous ? C'est tout simple : je l'ai dérobé à votre père. Après son départ, son bureau est resté sans surveillance. Y pénétrer fut un jeu d'enfant. Vous en connaissez partiellement le contenu, car il en avait recopié des passages entiers dans le carnet que votre *ami* le précepteur a eu l'extrême obligeance de nous remettre. Ce qui nous a donné sur vous un inappréciable avantage : nous savions exactement où vous mèneraient les renseignements dont vous disposiez.

Et, comme Adel fixait le coffret, il ajouta :

– En revanche, personne, pas même moi, ne sait ce qu'il y a à l'intérieur. Sauf qu'il s'agit de la clef ultime, celle qui, réunie aux deux autres objets, permettra notre passage vers l'Atlantide, le continent englouti. Car il est écrit ici que...

Il déroula le parchemin et lut :

– *Le porteur des Armes de l'Étoile aura privilège sur bestes et gens, droit de haute et basse justice, et jouissance de toutes richesses, y compris ce métal très précieux que les natifs de ce royaume nomment orichalque.* L'orichalque ! Si nous pouvons mettre la main sur ce fabuleux trésor, notre fortune est faite.

– Qu'en ferez-vous, de cette fortune ? rétorqua Adel avec dédain. Sven a raison : vous êtes vieux et décrépit. Et riche, non ? Sinon vous ne m'auriez pas pourchassée d'un bout de l'Europe à l'autre.

– L'orichalque me donnera le pouvoir. Un pouvoir sans limites... Vous ne connaissez pas, chère petite, la cupidité et la sottise qui caractérisent l'espèce humaine. Pour obtenir quelques miettes du trésor des Atlantes, des hommes tueront, trahiront, se traîneront à mes pieds. Des gouvernements tomberont. Des royaumes crouleront... et je serai le maître. Mon ombre s'étendra sur ce monde-ci... et sur les autres, tous les autres !

« Il est fou », pensa Adel.

Agenouillée à côté de Sven, elle sentait sa combativité renaître. Cet homme – ce monstre – ne se confiait aussi librement que pour avoir décidé sa mort. Mais elle se refusait à lui faciliter la tâche. Quel que soit son dessein, elle s'emploierait à le contrarier.

Jusqu'au bout.

« Papa, maman... En fin de compte, je vais vous rejoindre. Bientôt. »

Elle chassa cette pensée, se releva.

– C'est bien, approuva le maître d'Aarwald comme s'il avait lu dans ses pensées. Je n'aime ni les lâches ni les faibles. Les proies faciles, comme celle-ci – il décocha un nouveau coup de pied à Hieronymus, qui vagit – me dégoûtent. Quel dommage que je ne puisse vous faire partager mon glorieux destin ! Mais mon apothéose nécessite votre mort, jeune fille. C'est le sacrifice que je dois consentir, à regret, pour ouvrir la Porte...

Il la prit par l'épaule, familièrement.

– Voyez-vous, enchaîna-t-il, ce lieu – ce temple ! – n'a pas été bâti de main d'homme. Ce sont les Autres...

– Les Autres ?

– Les Atlantes. De merveilleux architectes ! Ils savaient qu'un temps viendrait où nos deux mondes se rejoindraient. Mais ils n'en ont pas rendu pour autant l'accès facile.

Il tendit un doigt maigre et noueux vers la colonne tronquée.

– Première difficulté : comment vais-je m'emparer de ce coffret ? Comment, d'ailleurs, le petit médecin de Beauvais a-t-il réussi à le placer là ? Le grimoire est muet sur ce point, aussi en ai-je déduit qu'il en manquait une partie. Peut-être l'a-t-il détruit après avoir rempli sa mission, cet imbécile ! Ce lac souterrain n'est pas grand : il suffit de se mettre à l'eau, me direz-vous, et en dix brasses... Oh, ce serait trop facile ! Il faut d'abord apaiser le Gardien. Et pour l'apaiser, le tirer du sommeil où les siècles l'ont plongé... C'est ce que nous allons faire. Tout de suite. Aginwulf !

Le ton n'avait plus rien de mielleux. Avant d'avoir pu esquisser le moindre geste de défense, Adel se sentit soulevée par deux bras robustes ; le boiteux lui entrava prestement les jambes, puis la coucha sur la margelle. Avec brutalité, il releva la manche de sa robe et rabattit son bras gauche contre le sol, l'immobilisant d'une main de fer. Le poignet et la main de la fillette se trouvaient juste au-dessus de l'eau sombre.

– Parfait, reprit le vieux seigneur. Une simple entaille, et votre sang va couler goutte à goutte vers ces profondeurs insondables... éveillant l'être qui y vit, et viendra alors se repaître de sa victime désignée ! Car tout ceci était écrit, mon enfant, n'en doutez pas. Dans l'épreuve qui vous attend, je ne doute pas que cette certitude soit pour vous une puissante consolation. Avant même votre naissance, un démon me l'a prédit : « Une jeune fille aux cheveux roux... c'est elle qu'il vous faudra rejoindre, et sacrifier. » La prophétie s'est accomplie !

Transporté d'extase, il écarta les bras, puis soudain tressaillit : deux mains crispées venaient d'encercler ses chevilles. Hieronymus, en rampant, s'était approché de lui.

– Ne lui faites pas de mal, râla-t-il. Elle est... innocente. Je vous en supplie... ne lui faites pas de mal.

Deux grosses larmes tremblaient dans ses yeux creusés par la souffrance et l'épuisement.

– Je ferai tout ce que vous voudrez, continuait-il. Je...

– Tu as *déjà* fait tout ce que je voulais, minable déchet ! ragea le vieillard qui tentait, en vain, de se débarrasser du précepteur couché sur ses pieds. Que crois-tu pouvoir m'offrir encore ? Recule, chien !

La lame noire se leva et balafra la joue du malheureux qui, avec une plainte aiguë, porta ses mains à son visage. Libéré, le baron d'Aarwald se pencha vers la fillette et, presque avec délicatesse, incisa son poignet, là où les veines se voyaient par transparence sous la peau claire. Une goutte de sang perla, roula et tomba dans l'eau, suivie d'une autre. Adel se mordit les lèvres pour réprimer une nausée.

– Vous serez... puni, haleta Hieronymus.

– Je vais te faire taire pour de bon, gronda le vieil homme.

– Maître, signala le boiteux à voix basse. Le lac... il se trouble, regardez.

La fillette, péniblement, tourna la tête. Des rides se formaient à la surface, s'élargissaient pour mourir contre les pierres moussues. Une énorme bulle creva au centre du bassin, puis le plan d'eau retrouva sa tranquillité.

Pas pour longtemps.

Un renflement luisant, d'un pourpre sombre zébré de noir, émergea, frôlant l'un des piliers ; puis un deuxième, un peu plus loin. Adel, les yeux agrandis d'horreur, les regardait se multiplier. Elle pensa au Tatzelworm, le ver géant qu'elle avait si aisément terrassé. Maintenant, elle comprenait ce qu'Aeilin avait dû éprouver quand le monstre l'avait emportée entre ses crocs. Elle se tordit dans ses liens, tenta de ramener à elle son bras blessé, mais le boiteux la tenait bien. Le bassin tout entier semblait avoir pris vie : partout des anneaux ruisselants, plongeant et replongeant avec un chuintement dont la douceur était encore plus terrible que le rugissement d'un fauve affamé. Pendant un laps de temps qui lui parut très long – une minute ? une heure ? –, l'eau frémit et bouillonna au gré de la danse frénétique du monstrueux serpent. Puis les mouvements spasmodiques qui agitaient les anneaux s'apaisèrent et, lentement, très lentement, le Gardien dressa sa tête plate.

Il avait l'air d'un serpent ordinaire – ni cornes, ni crête, rien qui évoquât les dragons des légendes –, seules sa couleur et sa taille le rendaient terrifiant. Ses yeux obliques, fixes, ressemblaient à deux pierres de jade ; une langue rouge et fourchue tremblait devant son museau écailleux.

– Maintenant, haleta le maître d'Aarwald.

Le serpent ouvrit la gueule et se balança légèrement d'avant en arrière.

– Maintenant ! répéta le vieil homme.

D'un geste vif, Aginwulf glissa sur le côté et, empoignant Adel aux épaules, la poussa dans le bassin. Elle coula, devinant autour d'elle le grouillement confus des anneaux, battit l'eau de son bras libre, revint à la surface, coula à nouveau. L'énorme tête se rapprochait. La langue rouge, les rangées de dents effilées comme des poignards... La mort, là, toute proche. Elle hurla, s'étrangla.

Un cri fit écho au sien. Une forme sombre passa devant ses yeux et plongea.

Hieronymus.

14

Adel ne vit pas le monstre engloutir son ancien compagnon, car la queue du serpent, en fouettant l'eau, l'avait projetée contre la colonne tronquée. Le choc fut si violent que sa vue se troubla, mais elle entendrait, jusqu'à son dernier instant, l'horrible craquement des os broyés et le râle d'agonie du petit précepteur, qui dans un ultime sursaut d'héroïsme avait tenté de la sauver.

Toussant et crachant, elle se cramponna de son mieux, mais ses mains glissaient sur la pierre lisse. La tempête, dans le lac miniature, atteignait à son paroxysme : le Gardien, dont la tête renversée touchait presque la voûte, roulait ses anneaux et sifflait, la gorge distendue. Enfin, il plongea, emportant sa victime vers l'abîme ténébreux où il pourrait la digérer tout à son aise. Les anneaux pourpres disparurent l'un après l'autre, et le silence retomba sur la salle souterraine.

D'un coup de pied, Adel se débarrassa de ses liens, que son séjour dans l'eau avait relâchés, et tenta de trouver une prise qui lui permît de se hisser sur le socle. Elle n'y réussit pas, mais sa main rencontra le coffret. Par réflexe, ses doigts se refermèrent sur l'objet. Aussitôt, elle sentit que la pierre de son médaillon réagissait : la chaleur irradiait contre son torse, se communiquant à ses membres raidis. Elle serra la petite boîte métallique contre sa poitrine et, barbotant et battant des jambes, entreprit de regagner le bord.

Elle ne réfléchissait pas, ne projetait rien au-delà de l'instant présent, ou presque. Sortir de cette eau glaciale. Voir si Sven... et Aeilin ? Où était Aeilin ? Adel claquait des dents, pleurait, sans avoir conscience des larmes qu'elle versait. Elle ne pensait pas à Hieronymus, ni aux deux autres. Elle n'aurait pu le supporter.

C'est pourquoi elle ne fit rien pour se défendre quand le boiteux la tira violemment par le col de sa robe, la hissant sur la margelle.

– Le médaillon ! Prends-lui le médaillon, Aginwulf. Ce sous-homme a gâché notre sacrifice, mais elle a le coffret, c'est ce qui importe.

Le vieux seigneur, qui s'était réfugié à l'extrémité de la plate-forme, ressemblait plus que jamais à une araignée tapie au centre de sa toile. Il fulminait.

– Jusqu'au bout, cette gamine aura contrecarré mes plans ! Le serpent n'a pas voulu d'elle, grand bien lui fasse ! Quand nous aurons passé la Porte, elle restera là, avec ce traîne-savates qu'elle a choisi pour garde du corps. Une mort lente, très lente. Ils pourront hurler tant qu'ils voudront, ces morveux. Personne ne les entendra ! Lequel sera le plus fort ? Lequel des deux dévorera l'autre pour rester en vie un peu plus longtemps ?

Le boiteux arracha la chaîne retenant le médaillon et, sans un regard pour la fillette, se tourna vers son maître.

– Donne, s'impatientait celui-ci.

Aginwulf ne bougea pas.

– Pourquoi vous donnerais-je ces objets, baron d'Aarwald ? dit-il lentement. Pourquoi ne les garderais-je pas pour moi ?

L'homme fronçait les sourcils, comme s'il examinait cette possibilité pour la première fois.

– J'ai trimé pour vous, j'ai fait le sale travail. Grâce à *moi*, nous avons retrouvé le précepteur et la fille...

Je vous connais. Ce pouvoir que vous convoitez, vous n'êtes prêt à le partager avec personne. Et je suis las de jouer les ombres fidèles.

– Oublies-tu *qui tu es*, Aginwulf ? Dois-je te rafraîchir la mémoire ?

Le boiteux pâlit.

– Je peux exister sans vous, se défendit-il. Ces histoires de Golem... ce ne sont que des sornettes. Je peux...

– Tu ne peux rien sans moi, parce que tu n'es rien ! Pour la dernière fois, obéis ! Ou sinon...

Adel, en s'aidant de ses coudes et de ses genoux, s'était traînée vers Sven, qui n'avait toujours pas repris connaissance. Elle se serra contre lui, un peu réconfortée par la chaleur de son corps. La veste usée du garçon, entre ses omoplates, accusait un renflement pour le moins disgracieux. Doucement, Adel l'effleura.

– Aeilin ? chuchota-t-elle.

– Je suis là ! souffla une voix apeurée.

Les plis du tissu s'affaissèrent et la tête de la lutine surgit.

– Tu vas bien ? demanda-t-elle précipitamment. Ce bruit... c'était épouvantable ! J'ai cru...

La fillette mit un doigt sur ses lèvres.

– Il m'a pris le médaillon. Et le coffret. Il compte s'en servir pour passer une porte... du moins c'est ce qu'il prétend. Mais je ne vois aucune porte ! Cet endroit est un vrai tombeau, et il veut nous abandonner ici... Aeilin... Je ne peux même plus penser, après... ce qui s'est passé. Alors si tu as une idée... Je ne veux pas que ce monstre réussisse là où mon père a échoué. Même si je dois en mourir !

– Tu voudrais me résister ? C'est inattendu, Aginwulf. Et rassurant, en un sens. Je peux contempler mon œuvre avec fierté. Tu es... presque un être humain, après tout.

La voix du vieillard était d'une douceur trompeuse, menaçante. Il grimaça un sourire et avança d'un pas, la main tendue.

– Bien, soupira-t-il. Oublions ce moment d'égarement. Donne-moi ce médaillon et ce coffret.

– Jamais, cracha le boiteux. Ils sont à moi. À MOI !

– Tu ne me laisses pas le choix.

Ses yeux fulgurèrent ; il pointa un doigt vers son acolyte et récita :

– Aginwulf, création de la magie, retourne à la poussière ! Que sur ton front la première lettre du mot *Emet*, qui signifie « Vérité », soit effacée et que sur chacun de tes organes s'inscrive *Met*, la Mort !

Le boiteux se plia en deux comme s'il avait reçu un coup violent à l'estomac. Il ouvrit la bouche, mais aucun son n'en sortit : ses lèvres, sa peau, ses mains, tout son corps, avaient pris une teinte brune et leur surface se fendillait. Le coffret lui échappa et roula sur le sol. Incrédule, il regarda ses doigts s'effriter et tomber, l'un après l'autre, en poussière. Sa mâchoire inférieure se décrocha, ses chevilles cédèrent ; son crâne se pulvérisa. Son souffle rauque se tut. En quelques secondes, il ne resta de lui que ses vêtements qui s'affaissèrent mollement, encore gonflés par les formes de l'être artificiel qui, se jugeant éternel, les avait arborés avec arrogance.

Adel se couvrit les yeux de ses mains. Cela ne finirait donc jamais ! Recrue d'horreur, elle souhaita de toutes ses forces qu'un miracle lui permît de tomber dans un profond sommeil, ou de s'évanouir, comme Sven.

– Je ne peux plus, gémit-elle. Je ne veux plus voir ça.

– Ça y est, je me souviens, chuchota Aeilin au même instant.

La fillette sursauta.

– Quoi ?

– La dernière fois que je me suis cachée pour

écouter ce que mon père et ses amis disaient... Ils ont parlé de ce qui arriverait si... Tu comprends, les Trois Armes de l'Étoile ne peuvent être utilisées que par une seule personne. Celle dont parle la prophétie... Attends que je me rappelle les mots exacts... « Si quelqu'un s'empare par la force des Armes de l'Étoile et tente de forcer la Porte, moi, roi des Morganès, je fais serment de l'en empêcher en... en... »

Adel leva la tête : le baron avait ramassé le coffret et l'examinait attentivement. De l'autre main, il tenait le poignard ; la chaîne du médaillon luisait entre ses doigts crispés.

– L'en empêcher ? Toi ? Tu crois que c'est le moment de plaisanter ?

– Il suffit de dire un mot... mais j'ai oublié lequel.

– Ça ne m'étonne pas, grogna la voix de Sven.

Il battit des paupières, tenta de se redresser sur un coude.

– Ne bouge pas, dit Adel. Tu as pris un méchant coup sur la nuque.

Avec une grimace, le garçon toucha la bosse violacée qui s'était formée sur son cuir chevelu.

– Ah... oui. Aïe ! Que s'est-il passé ?

– Je n'ai aucune envie de te le raconter, coupa Adel. Aeilin... fais un effort ! Je t'en prie !

La lutine, le front plissé, tirait sur le bout de son

nez comme si elle avait pu arracher à cet appendice le vocable qui lui échappait.

– C'était... Oh, je ne sais plus, c'était compliqué, mais pas très long...

– Aeilin ! C'est notre dernière chance !

Une sourde mélopée s'éleva ; le maître d'Aarwald, enjambant ce qui restait de son compagnon, avait regagné le trône de pierre et psalmodiait des paroles incompréhensibles. Trois fois, il passa la main sur le couvercle du coffret posé sur ses genoux, puis, avec précaution, le souleva.

– Dra... Dro... marmottait Aeilin. Le mot commençait par un « d », j'en suis sûre... ou un « b » ?

Adel retint son souffle. Elle ne pouvait pas voir ce que contenait le coffret, mais crut lire une expression de surprise, presque de déception, sur le visage de l'affreux vieillard. Sans doute s'était-il attendu – comme elle – à une apparition spectaculaire : un flot de lumière, un génie se déroulant paresseusement hors de sa prison de métal, le son d'airain des trompettes du Jugement dernier... Il resta immobile quelques instants, puis un sourire révéla sa mâchoire édentée.

– Un serpent, murmura-t-il. Tout à fait approprié.

Il saisit l'objet et l'éleva à hauteur de ses yeux : c'était, en effet, un mince serpent de pierre noire, roulé sur lui-même. Sa tête plate reposait dans la paume ouverte, inoffensive.

– Ne me dites pas qu'on a fait tout ce chemin pour ce bibelot ridicule, protesta Sven, qui se frottait le crâne.

– Attends !

Le baron avait repris ses incantations : il tremblait, des veines noirâtres se gonflaient à ses tempes. Adel observa que les filaments rouges qui parcouraient la lame du poignard aussi bien que la pierre du médaillon brillaient de plus en plus fort.

Soudain, le serpent s'anima. Avec une extrême lenteur, sa tête se souleva et il déroula ses premiers anneaux. Les éclats de cristal incrustés dans ses orbites jetèrent un éclat bref, puis il se figea, sa langue minuscule dardée vers le vieillard.

– Je rêve, gémit Sven. Enfin, je l'espère.

– Drak... Drik... s'acharnait la lutine.

Adel enfonça ses ongles dans le bras de son compagnon.

– Le lac, souffla-t-elle. Les eaux baissent !

Avec un bruit de succion, un tourbillon s'était formé à la surface ; les pierres du bassin apparaissaient peu à peu, ruisselantes et verdies.

– Il faut... remonter dans la galerie, haleta la fillette. Le Gardien va se réveiller... Il va revenir !

– Quel gardien ? interrogea Sven, ahuri.

Adel n'eut pas le temps de répondre : Aeilin s'était dressée, rouge d'excitation.

– J'ai trouvé ! claironna-t-elle.

Échappant aux mains de son amie, elle traversa en courant la plate-forme et se campa devant le siège de pierre.

– Moi, Aeilin, princesse des Morganès du château de Balmung, commença-t-elle, je ne te reconnais pas le droit de faire usage des Trois Armes de l'Étoile.

Sa voix chevrota sur les premiers mots, mais elle se ressaisit et continua :

– Ne va pas plus loin, imprudent ! Ne force pas la Porte, ou tu t'en repentiras !

– Qu'est-ce qu'elle fabrique ? s'affola Sven. Il va l'embrocher comme un poulet !

Mais le seigneur d'Aarwald ne prêtait aucune attention à la minuscule créature qui l'apostrophait ainsi. Les mots continuaient à se presser sur ses lèvres, des mots qu'il répétait encore et encore, le dos arqué, les yeux révulsés, tandis que l'eau noire se retirait et qu'une lueur naissait dans les profondeurs du lac.

Aeilin prit alors une profonde inspiration et leva les bras. Son ombre, sur le mur, s'allongea démesurément.

– DROUKVALLOZH ! hurla-t-elle.

Tout s'arrêta ; les eaux clapotèrent, la lumière venant de l'abîme diminua d'intensité. Dans la grotte, baignée de reflets verts, l'air était immobile, chargé d'attente.

Puis les prunelles du serpent de pierre se remirent à vivre. Il ouvrit la gueule, révélant des crochets minuscules, aussi fins que des aiguilles d'argent, et cracha.

Deux traits scintillants jaillirent vers le visage du baron qui hurla, lâchant le coffret et son contenu. Le médaillon glissa à terre. Adel bondit sur ses pieds ; Sven la retint par le bas de sa jupe.

– N'y va pas... ce serpent... c'est de la sorcellerie !

– Celui-là ne me fera aucun mal, assura-t-elle.

Elle s'approcha du trône de pierre et ramassa le médaillon. Il était brûlant. À quelques pas de là, le redoutable maître d'Aarwald geignait, protégeant ses orbites crevées d'où s'écoulait un ruisseau sanglant. Le poignard était tombé devant lui et s'était enfoncé dans l'ourlet de sa redingote.

– Adel ! Ne fais pas ça, dit Sven à voix basse.

Elle ignora l'avertissement. Venue du plus profond d'elle-même, une force la poussait à ramasser l'arme ; elle *devait* le faire...

– Il le faut, chuchota-t-elle pour se donner du courage.

Elle se baissa, saisit le manche du poignard.

– Je vais t'aider, intervint Aeilin.

Trottinant jusqu'au vieillard toujours prostré, elle dégagea la lame de la couture où elle s'était prise.

– Et maintenant, demanda-t-elle en se redressant, que...

Un grondement sourd l'empêcha de poursuivre.

– Qu'est-ce que c'est ? cria Sven.

La terre tremblait. Des fragments de roche dégringolèrent de la voûte et ricochèrent le long des parois du gouffre qui s'ouvrait à leurs pieds.

– Je l'avais senti ! tempêta le garçon. C'est un piège ! Nous allons être ensevelis !

Adel recula. De l'endroit où s'était trouvé le lac souterrain s'élevait une colonne de lumière. Celle-ci n'était pas stable, mais parcourue d'ondulations, de flammes transparentes, qui se tordaient, s'entrelaçaient, puis s'ouvraient en bouquet, laissant transparaître des formes géométriques.

– On dirait... une ville, chuchota la fillette abasourdie. Je vois des tours, des ponts...

La stupéfiante vision, elle aussi, changeait sans cesse : de hauts toits de verre aux spires délicates, des murs de pierres colorées, des canaux disposés en cercles concentriques...

« Tout s'effondre ! » La voix de Sven flotta jusqu'à elle, mais elle ne détourna pas son regard.

« Adel ! » Aeilin avait passé ses deux bras autour de son mollet et la secouait.

– J'ai peur, avoua la lutine.

Le cœur d'Adel se fendit. Pauvre petite créature ! Avec elle, Aeilin avait traversé les plus incroyables périls ; elle l'avait soutenue, réconfortée, bousculée. Elle n'en pouvait plus. Qui aurait pu la blâmer ?

Elle s'accroupit et, posant le poignard, prit délicatement la petite princesse entre ses paumes.

– Je suis là, chérie, dit-elle.

Son coude, dans le mouvement qu'elle fit pour se relever, heurta le coffret qui se renversa avec un tintement. Adel sentit un contact brûlant, laissa échapper un cri : le serpent de pierre venait de s'enrouler autour de son poignet gauche.

Un énorme quartier de roc s'écrasa sur la plateforme. Adel, aveuglée par la lumière qui s'intensifiait de seconde en seconde, serra Aeilin contre elle et tendit la main vers Sven ; il l'étreignit avec force.

– On va mourir, chevrota-t-il. Tu sais, Adel... je t'aime bien.

– Moi aussi, souffla-t-elle.

Émergeant de la colonne lumineuse, de longs tentacules se détachèrent et s'arrondirent, enfermant les trois compagnons dans un cercle protecteur. Puis, alors que la falaise se refermait dans une ultime convulsion, les bras impalpables les attirèrent vers la ville qui scintillait dans le lointain.

Fin du premier tome

ATLANTIS

2. LA REINE NOIRE

Château de Malandria, neuvième royaume d'Atlantide.

De la plus élevée des tours de guet, la reine noire contemplait son domaine. Rien ne lui échappait : l'esclave osant relever la tête sous le fouet, le soldat qui, se croyant protégé par l'ombre des remparts, se laissait aller à la paresse, seraient aussitôt châtiés. Depuis la veille, une sourde inquiétude accélérait les battements de son cœur : fallait-il s'attendre à une attaque des Erdluitles, ces ridicules nains affublés d'oreilles d'animaux et de pieds palmés, qu'elle avait bannis voici quelques années du royaume ? Ces suceptibles personnages, quand ils étaient en colère, lançaient tempêtes et ouragans sur le pays et détruisaient les maigres récoltes. Non que la reine se souciât du bien-être de ses sujets ; mais la quantité de travail qu'on pouvait attendre d'un serf affamé restait dérisoire et il n'était rien qu'elle détestât autant que l'inefficacité.

Car elle dirigeait le royaume d'une main de fer. Depuis qu'elle avait conquis ce vaste territoire, exterminant tous ceux qui y vivaient, détruisant les armées de leurs alliés, rassemblant autour d'elle toutes les espèces honnies, les criminels, les sournois assoiffés de pouvoir, nul ne prononçait son nom sans un frisson d'épouvante. Jamais la reine noire n'avait connu la défaite ; jamais elle n'avait douté.

Impatientée, la reine s'enveloppa étroitement dans la cape de soie qui couvrait ses épaules et s'éloigna sur le chemin de ronde, ses longs cheveux couleur de feu ondulant sur sa peau claire. La Dame de Malandria fascinait tous ceux qui l'approchaient, de près ou de loin. Sa beauté était aussi célèbre que sa cruauté, et sa bouche, objet du désir de bien des hommes, avait fait tomber d'innombrables têtes. Pour elle, des guerriers loyaux avaient trahi leurs chefs, livré les clefs de leur cité, délaissé femmes et enfants. Ils avaient abandonné leur dignité et leur honneur, espérant un regard, un sourire, mais la seule faveur accordée avait été, parfois, une mort rapide et sans trop de souffrances.

La reine s'approcha des créneaux et scruta à nouveau l'horizon, cherchant à découvrir la cause de son malaise. Laboureurs, chasseurs, palefreniers, portefaix, gardes, nul en apparence ne manquait à son devoir. Pourtant, il y avait quelque chose d'inhabituel dans la scène familière qui se déroulait sous ses yeux.

Les cimes des arbres bougeaient, l'herbe se couchait, l'eau des douves était parcourue de longues risées. En haut des tours, les drapeaux flottaient ; même les cheveux de la Dame, ainsi que les pans de sa robe, se soulevaient.

ET IL N'Y AVAIT PAS LE MOINDRE SOUFFLE DE VENT.

La reine reporta son attention sur la cour, en contrebas. Les behemoths de son élevage, énormes bêtes ailées à tête de lion et pattes de chauve-souris, capables de nager grâce à leur queue de triton, semblaient nerveux. Les naseaux dilatés, les oreilles plaquées en arrière sur leur crâne à la crinière luxuriante, ils fouaillaient de la queue et tentaient de mordre les palefreniers qui leur portaient leur repas du soir. Sous leur assauts furieux, la porte d'une cage céda : les quatres behemoths qui s'y trouvaient enfermés s'échappèrent et se jetèrent sur les malheureux qui s'enfuirent, abandonnant fourches et paniers remplis de viande saignante. Mais ils ne couraient pas assez vite et furent promptement rejoints et dévorés. Devant ce pitoyable spectacle, la Dame laissa échapper un petit rire sec.

– Des incapables, lâcha-t-elle. Les survivants ne s'appliqueront que mieux à leur tâche.

Soudain, son visage se crispa. De légères rides se formèrent au coin de ses lèvres. Un lointain bruit d'ailes lui parvenait, puis ce fut un cri, aigu, impérieux.

– Uzvael !

Elle tendit le poing ; les gigantesques ailes de l'aigle l'enveloppèrent de leur douceur palpitante. Une écœurante odeur de charogne s'en dégageait, qu'elle respira comme le plus doux des parfums.

– Je suis revenu, Maîtresse, siffla l'oiseau géant en la fixant de ses yeux d'or.

Et, devançant les questions qui se pressaient sur les lèvres de la reine :

– Je l'ai vue. Et elle m'a vue, aussi. Ce n'est encore qu'une enfant, effrayée et ignorante. Elle était enfer-

mée dans une sorte de prison... une cave. Je ne pense pas qu'elle puisse représenter un danger.

– Je ne te demande pas de penser, Uzvael. Et j'ai raison, car ta tête est aussi vide que ton cœur. N'es-tu pas fourbu ? Tu trembles. Tes ailes ont dû lutter contre cet air immobile et perfide. Regarde autour de toi ! Il est déjà presque trop tard.

Elle se tourna vers l'Est, où le crépuscule gagnait.

– La terre des Morganès, murmura-t-elle. Le péril qui vient a partie liée avec eux, je ne sais comment ; mais je le découvrirai, et je leur ferai payer cher leur arrogance.

Impitoyable, elle relâcha l'oiseau.

– Va ! ordonna-t-elle. Réunis les chefs de tous les peuples maléfiques, lève une armée, corromps les seigneurs des autres royaumes pour qu'ils se rangent à mon côté ! Nous devons renforcer les défenses de la cité et envoyer des espions d'un bout à l'autre du continent. Tu ne comprends donc pas, Uzvael ? Une guerre ce prépare... une guerre qui, si je n'y prends garde, changera la face de ce monde – la plus terrible des guerres qu'aura connu l'Atlantide !

A suivre...

Remerciements

Nous remercions Charlotte Lindgren, qui a répondu avec patience à nos nombreux courriels, et Cécile Térouanne, notre éditrice, qui par son enthousiasme et ses lectures successives a soutenu notre projet du début à la fin. Merci aussi à Olivier Boura, dont l'essai remarquablement documenté, *Les Atlantides, origines d'un mythe* (Arléa, 2003), a été une source précieuse, et au professeur Collina-Girard, spécialiste de l'Atlantide. Merci enfin à Camille Noiray pour ses performances de latiniste, et à Geneviève Lecourtier pour ses talents de photographe.

Composition MCP – *Groupe JOUVE* – 45770 Saran
N° 564784Z

« Pour l'éditeur, le principe est d'utiliser des papiers composés de fibres naturelles, renouvelables, recyclables et fabriquées à partir de bois issus de forêts qui adoptent un système d'aménagement durable. En outre, l'éditeur attend de ses fournisseurs de papier qu'ils s'inscrivent dans une démarche de certification environnementale reconnue. »

Achevé d'imprimer en Espagne
par LITOGRAFIA ROSÉS S.A.

32.03.2939.0/01 – ISBN 978-2-01-322939-5
Dépôt légal : janvier 2011

Loi n° 49-956 du 16 juillet 1949 sur les publications destinées à la jeunesse.